KB213841

록펠러의
편지

일러두기

1. 본문에 달린 모든 각주는 편역자가 작성했습니다.

2. 본문에서 언급되는 록펠러의 연령은 만 나이로 계산했습니다.

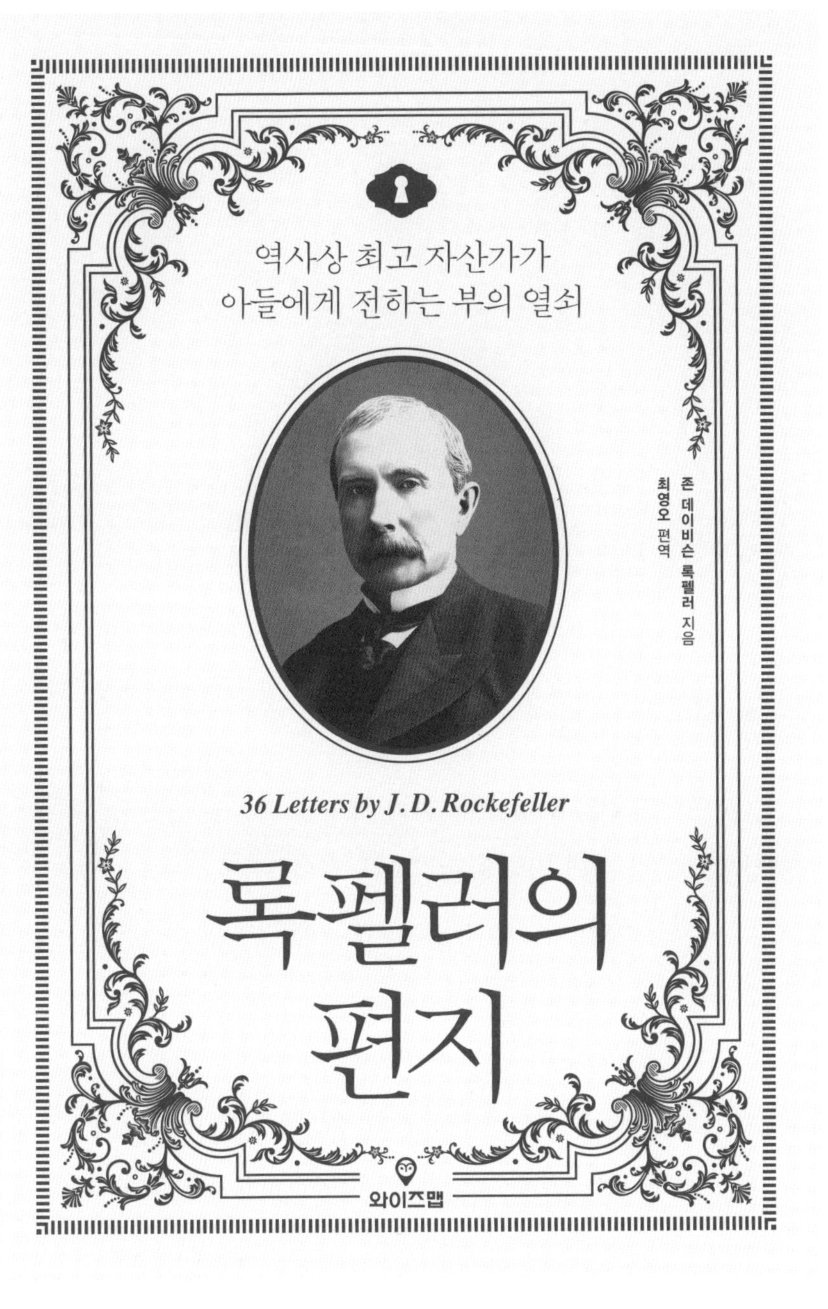
역사상 최고 자산가가
아들에게 전하는 부의 열쇠
존 데이비슨 록펠러 지음
최영오 편역
36 Letters by J. D. Rockefeller
록펠러의
편지
와이즈맵

록펠러 전기

존 데이비슨 록펠러John Davison Rockefeller는 1839년 7월 8일 미국 뉴욕주 리치퍼드에서 4남 5녀 중 셋째이자 차남으로 태어났다. 형 프랜시스 록펠러가 젊은 나이에 세상을 떠나면서 사실상 장남이 되어 가문을 이끌었다.

그의 아버지 윌리엄 록펠러 시니어William Rockefeller Sr.는 건강식품 행상을 비롯한 여러 직업을 전전했다. 사업가 기질이 다분했던 윌리엄은 아들에게 확고한 경제관념과 저축 습관을 물려주었다. 적은 용돈이라도 거저 주는 법이 없었고 심부름이나 잡일을 시키면서 대가를 치르게 했다. 아들이 성인이 된 후 돈을 빌려줄 때도 이자를 받았고 본가에 머무는 대가로 셋돈을 내게 했다. 록펠러는 이처럼 엄격한 가정환경에서 자라며 신중하면서도 철두철미

한 성격을 갖게 되었다.

록펠러는 1855년 15세 때 첫 일자리를 찾았고 곡물 도매 회사 휴잇&터틀 컴퍼니에서 주급 5달러를 받는 경리 직원으로 일했다. 이후 3년 만에 독립해 곡물, 건초, 육류 등을 다루는 중개업을 시작했다. 사업은 빠르게 성장했고 1859년 펜실베이니아에서 최초로 유전이 발견되며 결정적인 전환점을 맞이한다. 당시는 석유가 새로운 에너지원으로 각광받기 전이었고, 사람들은 석유에서 등유를 뽑아 쓰는 방법밖에 몰랐다. 그러나 록펠러는 석유에 무한한 가능성이 있다 판단하고 모리스 클라크Maurice B. Clark와 클라크&록펠러 컴퍼니를 창립해 본격적으로 사업에 뛰어들었다.

경쟁자들이 석유 채굴에 집중할 때, 록펠러는 부가가치가 높은 정제 사업에 집중해 공격적인 확장 전략을 펼쳤으나 동업자 클라크는 보수적인 태도를 보였다.

경영 방침에 대한 갈등은 소유권 분쟁으로 이어져 1865년 2월 2일에 클라크의 주식을 둘러싼 경매가 이뤄졌다. 록펠러는 예상보다 훨씬 큰 금액인 7만 2,500달러로 지분을 낙찰받아 독점적 지배 구조를 완성한다. 그는 25세에 불과한 풋내기 기업인이었지만 7만 달러에 이르는 자금을 신용 대출만으로 조달할 만큼 금융가에서 이름이 높았다. 록펠러는 이때를 두고 '살아갈 길이 정해진 날'이라고 표현하기도 했다.

당시 록펠러가 살던 클리블랜드는 인구 5만 명에 불과한 소도시였으나 엄청난 석유가 매장된 기회의 땅이었다. 당대 해운과 철도 산업을 지배한 코닐리어스 밴더빌트Cornelius Vanderbilt는 석유 운송을 장악하고자 클리블랜드에 진출했고, 록펠러는 그를 상대로 성공적인 독점 계약을 따내 골칫거리였던 운송 문제를 일거에 해결한다.

1870년, 록펠러는 30세에 100만 달러라는 자본금을 축적하고 오늘날 내로라하는 에너지 기업들의 전신이 된 '스탠더드 오일 컴퍼니Standard Oil Company'를 창립한다. 이후 그는 미국 석유 산업에서 압도적인 지배력을 행사했고, 엄청난 생산량과 단가 절감에 힘입어 1880년대에는 미국 석유 산업 중 90퍼센트, 세계 원유 공급량 중 80퍼센트를 장악한 초거대 글로벌 기업으로 도약했다. 록펠러는 1883년에 43세로 미국 최고 부자가 됐고, 약 10년 후인 1893년에 53세로 세계 최고 부자 자리에 올랐다. 그 자산은 약 14억 달러로 당시 미국 GDP에서 1.5퍼센트를 차지했다.

스탠더드 오일 컴퍼니는 압도적인 몸집과 강력한 시장 지배력으로 경쟁사를 무너뜨리고 공격적으로 인수하는 전략을 펼쳤다. 1890년 미국 정부는 석유, 철강, 철도 등 당대 산업계를 지배한 대규모 독점기업이 일으키는 부작용을 막기 위해 반독점법을 제정했다. 1901년부터 집권한 시어도어 루스벨트Theodore Roosevelt는 반독점법을 적극 지원했고, 1911년 연방 대법원은 스탠더드 오일 컴퍼니가 이 법을 위반했다는 판결을 내렸다. 그 때문에 회사는 엑손, 셰브론, 셸, 모빌 등 34개 계열사로 분사되었다. 이때 나눠진 계열사 중 엑손과 모빌은 1999년 엑손모빌ExxonMobil로 병합되어 종합 에너지 대기업으로 승승장구하며 140년이 넘는 역사를 이어가고 있다. 셰브론Chevron 역시 스탠더드 오일 컴퍼니를 전신으로 미국 최고의 석유·천연가스 기업이라는 명맥을 잇고 있다.

이렇게 분사된 계열사가 주식시장에 상장되자 주가는 오히려 두 배 이상 치솟았고, 계열사 주식을 골고루 보유한 록펠러는 넘볼 수 없는 자산가로 거듭났다. 록펠러는 71세로 경영 일선에서 물러났고, 일평생 쌓아 올린 재산으로 사람들을 도왔다.

1913년에는 록펠러 재단The Rockefeller Foundation을 세워 전국 각지에 학교와 고아원, 도서관을 짓고 후원했다. 록펠러는 그 자산으로 시카고대학교와 록펠러대학교를 세웠고, 시카고대학교는 재단에서 막대한 지원을 받아 세계 정상급 명문 학교로 거듭났다. 세계 최대 자선단체인 록펠러 재단은 현재까지 기부한 금액만 한화로 약 30조 원에 이른다.

록펠러는 독실한 기독교인으로 평생 교회의 가르침에 따랐다. 그는 인종차별에 반대하며 노예제를 폐지한 링컨 대통령을 존경했으며, 술과 담배는 물론 사치와 낭비를 금하고 엄청난 자산가면서도 검소한 생활을 했다.

록펠러는 1864년 로라 셀레스티아 스펠먼 록펠러와 결혼해 1남 4녀를 두었다. 1900년대 초, 막내이자 장남 존 데이비슨 록펠러 주니어John Davison Rockefeller Jr.에게 가문과 사업을 물려주고 일선에서 물러났다. 47년에 걸쳐 지혜와 통찰을 담은 편지 수십 편을 아들에게 남긴 록펠러는 1937년 5월 23일, 97세로 위대한 생을 마감했다.

연표

1839년	0세	존 데이비슨 록펠러 출생
1855년	15세	휴잇&터틀 컴퍼니 입사
1858년	18세	농산물 중개업 진출
1859년	19세	펜실베이니아 유전 발견
1859년	19세	석유 산업 진출
1864년	24세	결혼
1865년	25세	주식 지분 병합
1870년	30세	스탠더드 오일 컴퍼니 창립
1873년	33세	백만장자 등극
1880년	40세	미국 석유 산업 중 90퍼센트, 세계 석유 운송량 중 80퍼센트 장악
1883년	43세	미국 최고 자산가 등극
1890년	50세	미국 반독점법 제정
1890년	50세	시카고대학교 설립
1893년	53세	세계 최고 자산가 등극
1901년	61세	록펠러대학교 설립
1911년	71세	스탠더드 오일 트러스트 해체
1911년	71세	은퇴
1913년	73세	록펠러 재단 설립
1937년	97세	존 데이비슨 록펠러 사망

《록펠러의 편지》

편역자 서문

SNS에서 잘나가는 사람들의 모습을 보며 무력감을 느끼고, 원하는 직장에 취업하지 못할 바에는 '그냥 쉬는 것'을 선택하는 청년들. 갈수록 무기력해지는 이 시대 청년들에게 절실히 필요한 것은 무엇일까요? 바로 '희망'입니다. 아무리 노력해도 나아질 거라는 희망이 없기에 현실을 외면하고 SNS로 도피하기도 하며, 유명한 대기업처럼 누구나 원하는 직장이 아니라면 아예 취업을 포기하기도 하는 것이죠.

그렇다면 희망이 없으니 모든 것을 포기해야 할까요? 아닙니다. 마인드를 완전히 바꿔야 합니다. 누군가가 내게 희망을 가져다줄 거라는, 세상이 내게 맞춰줄 거라는 기대를 내려놔야 합니다. 주도적으로 인생의 운전대를 잡고 스스로 희망을 찾는 존재가 돼야 합니다. 저는 이를 '경영자 마인드'라고 부릅니다. 결국 우리 모두는 자기만의 인생을 이끄는 경영자와 같기 때문입니다.

이 세상은 인생을 주도적으로 경영하는 사람에게 많은 기회를 줍니다. 세상에는 취업하지 않아도, 큰 자본금이 없어도 시작할 수 있는 사업이 넘쳐나고 지금까지 전문가의 영역으로 여겨진 분야에서는 많은 부분이 첨단 기술과 AI로 대체되고 있습니다. 이제는 콘텐츠를 즐기기만 하는 소비자 마인드에서 벗어나 원하는 콘텐츠를 만드는 생산자로 나아가야 하며, 회사에 취직하지 않고도 수익을 창출하는 능력을 키울 줄 알아야 합니다.

그러나 이런 경영자 마인드는 학교에서 알려주지 않습니다. 사업가 부모님을 두지 않은 이상 사회에서도 경험하기 힘듭니다. 설사 경영자 마인드를 갖춘 인물이 조언해준다고 해도 '네가 뭔데 날 가르치려고 들어?'라며 배울 기회를 날려버리기도 합니다.

하지만 전 세계를 주름잡는 거인들에게 존경받는 역사상 최고의 자산가가 생생하게 전해주는 성공 조언이라면 어떨까요? 미국 역사상 최고의 부자로 알려진 자동차왕 헨리 포드, 철강왕 앤드루 카네기는 우리에게도 익숙한 이름입니다. 그런데 동시대에 그들과 어깨를 나란히 한 석유왕, 존 데이비슨 록펠러는 미국 역사상 가장 큰 부를 거머쥐었음에도 잘 알려지지 않았습니다.

이번에 국내 최초로 출간되는《록펠러의 편지》는 석유왕 존 데이비슨 록펠러가 40여 년에 걸쳐 자신의 아들 록펠러 주니어에게 보낸 수많은 편지 중 36편을 엮은 책입니다. 이 편지들은 사업 경영과 자산 관리에 관한 조언을 넘어, 인간관계와 삶의 태도에 대한 깊은 통찰을 담고 있습니다. 때로는 발 빠르고 영민한 사업가의 면모를, 때로는 아들을 걱정하는 아버지의 마음을 드러낸 편지에서는 자신이 사업을 하며 지켜온 원칙과 삶에서 중요하다고 생각한 점을 절제된 문장으로 표현했습니다.

그가 아들에게 전한 편지가 현시대 청년들에게 울림을 주는 이유는 무엇일까요? 록펠러는 빈민가에서 태어나 세계 최고의 자산가로 성장한 전설적인 인물이기 때문입니다. 그는 가난에서 벗어나 반드시 부자가 되겠다는 강한 의지와 신념을 바탕으로 15세에 처음 취직해 주급 5달러를 받는 경리 직원으로 일했습니다. 이후 주도적으로 새로운 사업을 개척해, 71세로 은퇴할 때는 한화로 약 450조 원에 달하는 자산을 이룩한 석유왕이 되었습니다.

그가 평생을 사업가로, 또 한 가정의 아버지로 살며 쌓아올린 풍부한 경험과 지혜는 현시대 청년들에게 희망과 동기뿐 아니라 경제생활에 대한 현실적 조언과 삶의 지혜까지 제공하는 든든한 지침이 되어줄 것입니다.

이 책에서는 존 데이비슨 록펠러가 직접 작성한 편지 36편을 시간순으로 나열하는 대신 'Part 1. 일을 경영하라', 'Part 2. 부를 경영하라', 'Part 3. 삶을 경영하라'라는 세 가지 주제로 재구성했습니다. 각 부에는 편지 12편이 속해 있으며, 이를 통해 독자분들이 록펠러의 철학을 체계적으로 이해할 수 있도록 배치했습니다. 또 각 편지 끝에는 'THE GREAT QUESTION' 섹션을 추가해 편지 내용을 요약하고 독자 스스로 깊이 생각해볼 수 있는 질문을 담았습니다.

저는 현재 구독자 17만 명을 보유한 성공 및 동기부여 유튜버로 활동하고 있습니다. 그동안 다양한 성공 스토리와 동기부여 콘텐츠를 통해 많은 분께 영감을 드렸듯, 이번 책을 통해 또 다른 지혜를 나누고자 합니다. 이 책을 번역하며 원문의 의미를 최대한 살리기 위해 노력했고, 한국 독자들이 쉽게 접근할 수 있도록 표현을 다듬었습니다.

록펠러의 삶과 사업에 대한 깊이 있는 성찰은 현대를 살아가는 우리에게도 여전히 유효한 교훈을 주며, 성공과 자아실현으로 향하는 길을 열어줄 것입니다. 이 책에 담긴 록펠러의 지혜가 성공을 향한 여정에서 든든한 동반자가 되어주길 바랍니다. 록펠러의 경험과 철학을 통해 여러분도 자기 자신의 길을 찾고, 그 길을 당당히 걸어갈 수 있기를 바랍니다.

〈동기부여학과〉 대표

최영오 올림

차례

록펠러 전기 4
록펠러 연표 9
편역자 서문 10

Part 1
일을 경영하라

1st Letter 천국과 지옥은 스스로 만드는 것 21
2nd Letter 행운의 신은 용감한 자를 좋아한다 28
3rd Letter 운은 계획에 달렸다 34
4th Letter 이기겠다는 결의를 다져라 42
5th Letter 사람들과 힘을 합쳐라 50
6th Letter 언제나 목적만을 따라라 57
7th Letter 자기 자신을 믿어야 길이 보인다 63
8th Letter 끝은 새로운 시작이다 68
9th Letter 남을 탓하거나 변명하지 마라 74
10th Letter 지옥은 선한 사람들로 가득하다 81
11th Letter 동료와 직원을 최우선으로 여겨라 89
12th Letter 1등이 되려고 애써라 94

Part 2
부를 경영하라

13th Letter 삶의 시작점이 종착점을 결정하지는 않는다 ····· 105

14th Letter 미래를 위해 위험을 감수하라 ····· 110

15th Letter 무시할 수 없는 가치를 내세워라 ····· 115

16th Letter 인내심이 곧 전략이다 ····· 121

17th Letter 언제나 전략적으로 생각해라 ····· 127

18th Letter 가난에 무릎 꿇지 마라 ····· 133

19th Letter 부는 근면함에 뒤따른다 ····· 139

20th Letter 큰 부에는 큰 책임이 따른다 ····· 145

21st Letter 세상에 공짜 점심은 없다 ····· 151

22nd Letter 동전 한 푼에도 엄청난 가치가 담겨 있다 ····· 158

23rd Letter 때로는 욕심도 필요하다 ····· 164

24th Letter 위험이 곧 기회다 ····· 172

Part 3
삶을 경영하라

25th Letter 어리석고도 똑똑한 사람이 돼라 183

26th Letter 사람은 생각하는 대로 된다 189

27th Letter 지금 당장 시작하라 195

28th Letter 단단하게 마음먹고 나아가라 203

29th Letter 모욕조차 나아갈 동기로 삼아라 209

30th Letter 악당에게 발목 잡히지 마라 215

31st Letter 믿음은 금과 같다 221

32nd Letter 절대 변명하지 마라 228

33rd Letter 누구나 위대해질 수 있다 236

34th Letter 실패는 포기하는 순간에 찾아온다 246

35th Letter 마음의 여유를 가져라 252

36th Letter 자기 자신이 성공의 씨앗이다 258

Part 1

일을 경영하라

I believe in the dignity of labor, whether with head or hand.
That the world owes no man a living,
but that it owes every man an opportunity to make a living.

그 어떤 것이든, 나는 일의 존엄성을 믿는다.
세상에 누군가를 먹여 살릴 의무는 없지만
모두에게 일할 기회를 줄 책임은 있다.

—John Davison Rockefeller

1st Letter

천국과 지옥은 스스로 만드는 것

1897년 11월 9일
사랑하는 아들 존에게

아주 뜻깊고 내게 큰 통찰력을 준 이야기를 소개한다.

고대 유럽에 살던 남자가 사후 세계로 떠나 모든 걸 즐길 수 있는 멋진 장소에 다다랐다. 음악이 흐르는 공간에 들어서자 웨이터가 다가와 물었다.

"선생님, 필요한 게 있으십니까? 이곳에서는 음식과 오락, 취미 등 원하는 건 뭐든 누릴 수 있습니다."

그 말을 들은 남자는 순간 놀랐지만 아주 행복해졌다.

'정말 꿈만 같은 일이군!'

그는 온종일 맛있는 음식을 먹으며 미식의 즐거움을 만끽했다.

하지만 어느 날 모든 게 지루해져서 웨이터에게 말했다.

"이 모든 게 지겨워졌어요. 뭔가 다른 게 필요한데, 내가 할 일을 찾아줄 수 있나요?"

예상과 달리 웨이터는 단호하게 고개를 저었다.

"죄송합니다. 여기에서는 해드릴 수 있는 게 없군요."

남자는 좌절해서 화를 내고 양팔을 휘두르며 소리쳤다.

"이건 말도 안 돼! 차라리 지옥에 가는 게 낫겠어!"

그러자 웨이터는 부드럽게 말했다.

"선생님은 여기가 어디인 줄 아셨나요?"

아들아, 이 유쾌한 이야기는 할 일을 잃는 게 곧 행복을 놓치는 것임을 일깨운다. 사람들 대부분이 일을 그만두고서야 이 사실을 깨닫는다는 게 안타까울 뿐이다. 나는 평생 일을 손에서 놓은 적이 없다고 자랑스럽게 말할 수 있다. 나는 한순간도 일이 재미없고 지루한 고역이라고 생각하지 않았다. 반대로 일에서 무한한 행복을 찾았다.

일이란 단순한 생계 수단을 뛰어넘는 의미를 가진 특권이다. 일은 모든 사업의 기초이자 번영의 원천이고, 천재성을 빚어내는 손길이다. 일은 젊은이들이 부지런히 움직이게 하고 부모 세대보다 더 많은 것을 해내게 한다. 그들이 얼마나 부유한지는 상관이 없다. 일은 가장 수수한 모습으로 그려지며 행복의 기반을 다지게 해준다. 직업은 삶에 풍미를 더하는 데 도움을 준다. 큰 혜택과 성과를 얻으려면 자기 일을 사랑해야 한다.

정상을 꿈꾸는 사람들은 사업이라는 세계에 처음 들어설 때 큰 희생을 감수해야 한다는 말을 자주 듣는다. 하지만 세월이 흐르고 정점에 가까이 다가간 사람들은 자기가 '대가를 치르지 않았다'라는 사실을 깨닫는다. 희생한 게 아니라, 일이 좋아서 열심히 했을 뿐이기 때문이지.

어떤 업계에서든 정상에 오른 사람들은 자기가 하는 일에 전념하고 헌신한다. 자기 일을 진심으로 사랑하면 자연스럽게 성공에 다다를 수 있다.

일을 사랑하는 건 곧 믿음이다. 이 믿음이 있다면 절망의 산봉우리를 희망의 디딤돌로 바꿀 수 있다. 어느 위대한 화가는 "고통은 결국 지나가지만, 아름다움은 영원하다"라고 말했다. 하지만 그 뜻을 이해할 정도로 똑똑하지 못한 사람들도 있다. 그들은 야망이 있기는 하지만, 자기 일을 두고 지나칠 정도로 불평한다.

그들은 늘 '완벽한' 고용주나 직장을 찾아 헤맨다. 고용주는 시간을 잘 지키고 정직하며 최선을 다하는 직원을 원한다. 그들은 자선단체가 아니라 기업을 운영하기에 충성심 높고 열정적이며 일에 더 많은 시간을 쏟는 직원에게만 높은 급여와 승진할 기회를 준다. 더 가치 있는 사람을 원하는 것이다.

야망이 아무리 크더라도 정점에 다다르기 전에는 최소한의 조건으로 시작하는 과정을 거쳐야 한다. 일단 시작하고 나면 발전하기는 그리 어렵지 않다. 일이 어렵거나 복잡해질수록 성취하려는 마음이 점점 커져 조급해진다. 오래 기다리면 기다릴수록 더 어렵고 무서워지기 마련이다. 이는 총을 쏘는 일과 비슷하다. 오래 조준할수록 방아쇠를 당기기 어려워지지.

나는 첫 직장에서 경리로 일한 경험을 잊지 못한다.[01] 당시에는 매일 아침 해가 뜨기도 전에 출근해야 했지만, 일에 흥미를 잃은 적은 단 한 번도 없다. 오히려 일이 나를 사로잡고 즐겁게 했다. 사무실에 만연한 관료주의도 일에 대한 열정을 빼앗지 못했다. 그 결과 고용주는 내 급여를 계속 올려줬다. 하지만 수입은 결국 일에 딸린 부산물일 뿐이다. 해야 할 일을 열심히 하고, 좋은 성과를 내면 급여는 그에 걸맞게 올라가는 법이다.

가장 중요한 건, 노력에 따른 최고의 보상은 뭘 얻는지가 아니

01 존 데이비슨 록펠러는 15세로 곡물 도매 회사 휴잇&터틀 컴퍼니에 입사해 주급 5달러를 받는 경리 사원으로 일했다.

라 무엇이 되는가에 달렸다는 점이다. 열정을 품은 사람들은 단순히 돈을 벌고자 열심히 일하는 게 아니다. 열정 뒤에 숨은 진짜 이유는 훨씬 고귀하다. 그들은 마음을 사로잡는 일에 힘쓴다.

나는 어릴 때부터 세계에서 가장 위대한 부자가 되겠다는 야망을 품었다. 처음 입사한 휴잇&터틀 컴퍼니Hewitt & Tuttle는 능력을 단련하고 사업을 경험하기에 좋은 곳이었다. 이 회사에서는 철광은 물론 미국 경제에 혁명을 일으킨 철도와 전신이라는 두 기술을 다뤘다. 이 기술은 수익을 창출하는 데 크게 이바지했다.

덕분에 나는 흥미롭고 방대하며 멋진 사업계에 발을 들여놨고, 숫자와 현실을 존중하는 법을 배웠다. 또 운송 사업이 발휘하는 힘을 보고 사업가로서 갖춰야 할 능력과 자질까지 키울 수 있었다. 이 모든 게 이후 내 사업을 하는 데 큰 역할을 했다.

휴잇&터틀 컴퍼니에서 쌓은 경험이 없었다면 많은 시행착오를 겪었을 터다. 휴잇&터틀 컴퍼니를 생각할 때마다 감사하는 마음이 드는 것도 그 때문이다. 그 시기는 내 경력의 시작이자 투쟁의 토대가 되었다. 그 3년 반 동안 쌓은 경험에 죽을 때까지 감사할 것이다. 그래서 나는 고용주에 대해 불평한 적이 없다. 반면 다른 사람들은 이렇게 말하곤 했다.

"우리는 그저 노예일 뿐 고용주에게 억압당하는데, 저들은 가득 찬 금고가 있는 화려한 저택에서 호의호식한다. 저들이 가진 건 모두 우리 같은 정직한 노동자를 착취한 결과다."

물론 이 사람들이 비정규직으로 일하길 바랐는지는 모르겠지만, 누가 그들에게 일할 기회를 줬지? 누가 그들에게 가족을 꾸릴 기회를 줬을까? 누가 그들에게 발전할 기회를 줬느냐는 말이다. 정말로 고용주가 직원들을 착취한다고 생각한다면, 당장 그 일을 그만두고 악순환을 끝내는 게 어떨까?

일하는 마음가짐은 일종의 태도이기에 우리가 행복한지 아닌지를 결정한다. 석공들이 모여 석상을 조각하고 있는데 "여기서 뭐 하세요?"라고 묻는다 해보자. 몇몇은 이렇게 말하겠지.

"돌을 깎고 있는데, 이걸 다 해야 집에 갈 수 있어요."

이런 사람은 일을 형벌처럼 여기며, 피곤하다는 말을 달고 산다. 또 다른 부류는 "석상을 만들어요. 이 일은 정말 힘들지만 아주 큰 보상을 받죠. 저에게는 아내와 네 아이가 있는데, 우리 가족에겐 음식과 옷이 필요해요"라고 말할 것이다. 일이 부담스러울 땐 이렇게 말하겠지.

"저는 이 일로 가족을 먹여 살려요."

세 번째 사람은 망치를 내려놓고 돌 조각을 자랑스레 가리키며 이렇게 말할 것이다.

"자, 보세요. 저는 예술품을 만들고 있죠."

이런 사람은 자기 일에 자부심을 가지고 중요하게 여긴다.

천국과 지옥은 스스로 만드는 것이다. 일에 의미를 부여한다면 어떤 일을 하든 행복해질 테고, 어떤 결과를 내든 만족할 터다. 일 자체를 싫어한다면 아무리 단순하고 쉬워도 힘겹게 느껴지고 지치게 된다. 가장 큰 차이점은 상황을 받아들이는 자세다.

아들아, 자기 일을 즐거움으로 여긴다면 그 삶은 천국이나 다름없고, 의무나 형벌로 여긴다면 지옥에 떨어질 뿐이라는 사실을 잊지 마라.

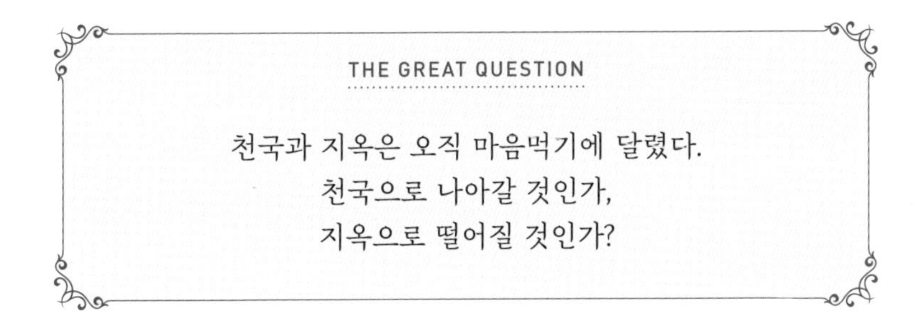

2nd Letter

행운의 신은 용감한 자를 좋아한다

1898년 10월 7일
사랑하는 아들 존에게

며칠 전 네 동생이 요즘 아주 행복하다며 연락해 왔다. 보유한 주식이 꾸준히 오르면서 충실한 하인처럼 돈을 긁어모으는 중이라고 말이다. 네 동생이 지금 당장은 행복하고 신나겠지만, 돈에 짓눌리지 않기를 바란다. 그래서 운이 따르지 않으면 한순간에 실패할 수도 있으니 조심하라고 전했다.

성공한 사람들 대부분이 경력을 이어가면서 운에 기댈 수만은 없다고 경고한다. 그렇지만 흥미롭게도 사람들은 대부분 운을 믿으며 기회가 곧 운이라고 착각하는 듯하다. 아들아, 네 주변의 운 좋은 사람들을 생각해봐라. 그들은 온화하거나 겸손하거나 검소하지 않다. 항상 자신만만하고 대담하게 빛을 발한다.

닭이 먼저냐 달걀이 먼저냐 하는 문제를 떠올려보자. 그 사람들은 운이 좋아서 자신감 넘치고 대담한 걸까, 아니면 자신감 넘치고 대담해서 운이 따르는 걸까? 정답은 후자다.

"행운의 신은 용감한 자를 좋아한다"라는 말은 내가 평생 좌우명으로 삼은 격언이다. 강한 사람만 이기는 게 아니다. 신중하고 활기차며, 용감하고 겁 없는 사람도 이길 수 있다. 어떤 사람들은 조심성이 용기보다 낫다고 생각한다. 하지만 답은 반대다. 용기와 대담함이 조심스러운 태도보다 매력적이고 의미 있다.

자신감 넘치고 결단력 있는 사람을 싫어하는 이는 없다. 누구나 그런 사람을 인정하고 따른다. 그리고 그런 사람이 리더가 되길 바란다. 우리가 그들에게 끌리는 건 매력이 넘치기 때문이다. 그래서 용감한 사람들은 더 크게 성공하고 리더, 사장, 지휘관 역할을 맡을 확률이 높다. 고속 승진하는 사람들이 여기에 속한다. 대담하고 결단력 있는 사람은 멋진 거래에 성공하고, 사람들에게 인정받으며, 강력한 동맹을 맺는다. 매사에 소심하고 주저하는 사람은 이러한 행동을 따라 하지 못한다.

대담한 시도와 새로운 방법은 때로 큰 도움이 된다. 자신감 넘치는 사람은 기대를 성공으로 바꾼다. 기대한 대로 성공하고자 철저한 계획을 세운다. 물론 매번 성공할 수는 없지만, 사람들에게 자신의 목표를 확실하게 보여줄 수 있다.

자신이 승자라고 생각하는 사람은 승자처럼 행동한다. 그러면 '운'이 바뀐다. 정말 용감한 사람은 어리석지도, 오만하지도 않으며 매사를 주의 깊게 예측하고 판단한다. 모든 단계를 계획하고 결정을 내릴 줄도 안다. 군사 전략가들이 흔히 말하듯, 이런 방식은 힘을 키우고 상대를 물리칠 무기를 만들어준다.

10여 년 전 리마 유전을 인수하겠다는 판단은 과감한 결단이었다.[02] 그때는 석유 업계 전체가 원유 고갈이라는 공포를 떨치지 못했다. 내 비서들조차 언젠가는 석유로 돈을 벌지 못하리라는 두려움에 조용히 회사 주식을 팔았다. 어떤 사람들은 석유 사업에서 철수하고 더 안정적인 사업으로 옮겨 가자고 이야기했다. 비관론이 퍼졌지만 나는 한탄하기보다는 리더로서 희망을 품어야 했기에 두려워하는 사람들을 모아두고 신께서 모든 걸 주실 거라고 말했다.

리마에서 석유를 발견한 순간, 나는 다시금 신의 따뜻한 손길을 느꼈다. 리마 석유는 기존 방식으로 없앨 수 없는 이상한 냄새

02 1880년대 초반에는 록펠러가 장악한 펜실베이니아가 미국에서 유일한 원유 채취 지역이었으나, 1885년 오하이오와 인디애나에서 새로운 유전이 발견됐다. 새로운 유전에는 유황 성분이 섞여 있어 발견 당시에는 상품 가치가 없었다.

를 풍기는 탓에 사업가들의 자신감을 뒤흔들었다. 하지만 나는 리마 유전에 강한 확신이 있었다. 리마를 독점하면 석유 시장에서 엄청난 영향력을 발휘하리라 예견했다. 기회는 이런 순간에 숨어 있다. 기회가 왔는데도 조용히 넘어간다면 록펠러라는 이름에 먹칠을 할 뿐이지. 나는 이사들에게 엄숙히 말했다.

"이건 일생일대의 기회입니다. 리마에 투자해야 합니다!"

소심한 사람들은 반대했지만 의견을 강요하는 건 내 방식이 아니었기에 평화로운 토론을 거쳐 모두 동의하기를 바랐다. 기나긴 기다림이었다. 걱정스러웠지. 우리는 어머니를 찾는 배고픈 아기처럼 세계에서 가장 큰 정유 공장을 세웠다. 그러니 꾸준히 원유를 '먹어야' 했다.

하지만 펜실베이니아 유전은 죽어갔고 다른 작은 유전들도 마찬가지였다. 생산량이 줄었고 나중에는 러시아 원유에 기댈 판이었다. 러시아가 유전 통제권으로 우리 힘을 빼앗고 나중에는 완전히 굴복시켜 유럽 시장에서 몰아낼 게 분명했다. 하지만 리마에 있는 석유 자원을 확보하면 앞으로도 승자로 남을 터였다. 더 이상 기다릴 순 없었다. 움직여야 할 때였다! 보수적인 이사들은 예상대로 되지 않을 거라며 근심했다. 나는 그들에게 충격요법을 쓰기로 했다.

"여러분, 우리 회사라는 거대한 배가 침몰하지 않고 나아가려면 원유 공급이 보장돼야 합니다. 리마에 숨겨진 석유가 우리에게 손짓합니다. 이 석유가 눈부신 부를 가져다줄 겁니다. 그러니 냄새나는 석유를 팔 시장이 없다고 말하지는 맙시다. 나는 신께서 주신 모든 것에 가치가 있다고 믿습니다. 과학이 우리 걱정을 없애줄 겁니다. 그래서 제 사비로 투자해 2년간 위험을 감수하기로 했습니다. 2년 안에 성공하면 투자금을 돌려받고, 실패하면 혼자서 모든 손실을 떠안을 겁니다."

내가 결단력과 진심을 보여주자 완강하게 반대하던 찰스 씨가 눈물을 흘리며 외쳤다.

"록펠러 씨, 당신이 내 마음을 사로잡았습니다. 당신이 이 일을 해야 한다고 믿는다면 함께 해봅시다! 당신이 위험을 받아들인다면 나도 할 수 있습니다."

승리든 패배든 함께하는 협동 정신은 우리가 성장하는 데 필요한 정신적 기반이었다. 그리고 우리는 성공했지. 리마에 막대한 자금을 투자해 총력을 기울였다. 그 보상은 생각보다 훨씬 컸어. 우리는 미국에서 가장 큰 원유 생산 기지를 갖게 되었다. 리마에서 이룬 성공은 활력을 불어넣었고 석유 업계에 전례 없는 인수 합병에서 우위를 점할 힘이 되어주었다. 우리는 예상대로 유전 분야에서 가장 강력한 함대가 되었고, 흔들리지 않는 지배력을 손에 넣었다.

태도가 운을 불러온다. 그 운을 잡을지는 본인의 선택에 달렸다. 자신의 시간 중 51퍼센트만 제대로 쓴다면 영웅이 될 수 있을 것이다. 여기까지가 행운을 다룬 가장 인상 깊은 경험이다.

너를 사랑하는 아버지가
John Davison Rockefeller

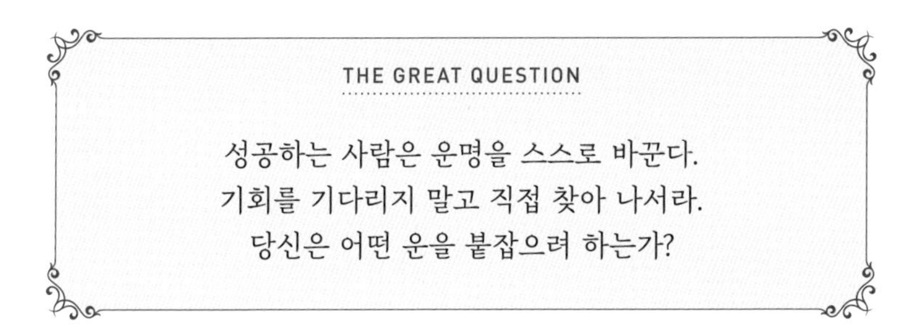

THE GREAT QUESTION

성공하는 사람은 운명을 스스로 바꾼다.
기회를 기다리지 말고 직접 찾아 나서라.
당신은 어떤 운을 붙잡으려 하는가?

3rd Letter

운은
계획에 달렸다

1900년 1월 20일
사랑하는 아들 존에게

어떤 사람들은 왕이나 영웅이 될 운명을 타고난다. 비범한 재능 덕이지. 수확 기계를 만들어 엄청난 돈을 벌어들인 사이러스 홀 맥코믹Cyrus Hall McCormick[03]이 그 사례다. 기계를 낫 삼아 돈을 수확한 셈이지. 그야말로 엄청난 행운아야.

맥코믹은 언제나 야망에 불타고 비즈니스 감각도 뛰어난 거물

03 19세기 미국 발명가로, 1834년에 수확 기계를 발명해 특허를 등록하고 1840년대부터 상품화 및 사업 확장에 성공했다.

이었다. 그는 수확 기계를 발명해 농부들을 노동에서 해방했고, 그 덕에 미국에서 가장 큰 부자가 되었어. 프랑스인들이 '세계 최고의 공헌자'라고 칭송할 정도였다. 누구도 예상치 못한 보상이었지.

한때 평범한 농기구 상인이었던 이 천재 사업가는 '행운은 계획의 산물'이라는 말을 남겼다. 행운이 계획과 전략의 결과라는 뜻일까? 아니면 운이 좋아야 멋진 계획이 따라온다는 뜻일까? 내 경험에 따르면 두 가지 뜻 모두 옳다. 다시 말해 우리는 스스로 운을 만들어내며, 그 무엇도 이를 막을 수 없다. 행운은 계획을 세우는 과정과 떼려야 뗄 수 없는 요소다.

맥코믹은 행운의 진정한 뜻을 깨닫고 그 문을 열었다. 그러니 그가 만든 수확 기계가 전 세계로 팔려나간 것도 놀라운 일이 아니다.

하지만 지금 우리가 사는 세상에서는 맥코믹처럼 운을 제대로 계획하는 사람을 찾기 어렵고, 운을 진심으로 믿거나 제대로 이해하는 사람도 보기 힘들다.

보통 사람들 눈에 운이란 타고나는 것처럼 보인다. 누군가 큰 성공을 거두거나 빠르게 승진하면 그들은 아무렇지도 않게 업신여기는 투로 이렇게 말한다.

"저 사람은 정말 운이 좋았어! 다 행운 덕이라니까."

그렇게 생각하는 사람들은 자기 자신을 성공으로 이끌 진실을 알아차릴 수 없다. 모든 사람은 자기 운명을 만드는 디자이너이자 건축가다.

나는 어떤 사람에게 돈이 없듯이 운이 없을 수도 있음을 인정한다. 하지만 변화하길 원한다면 그저 운이 좋아지기만을 기다려서는 안 된다. 나는 신께서 내려주신 운에만 따르는 수동적인 삶이 아니라, 운을 계획하는 삶을 살아야 한다고 믿는다. 또 멋진 계획이야말로 운에 좋은 영향을 끼친다고 생각한다. 석유 산업을 하면서 경쟁을 협력으로 바꾼 내 계획이 이를 증명한다.

내가 계획을 세우기 전, 정유사들은 자기 이익만을 위해 싸웠다. 이는 그들이 서로 엄청난 경쟁을 벌이도록 만들었다. 이런 경쟁은 소비자에게 잠시 이익이 될 수 있지만, 이에 따른 유가 하락은 정유사에 재앙과 같았다. 정유사 대다수가 적자를 냈고 잇따라 파산하는 연쇄반응이 일어났지.

나는 우리가 다시 수익을 내려면 산업을 바로잡고 모든 이가 이성에 따라 행동해야 한다는 사실을 알았다. 나는 이 일이 내 책임이라 여겼고, 아주 어려운 일이었지만 정유 사업을 통제할 계획을 세우기로 했다.

아들아, 사냥터에서 좋은 사냥꾼이 되려면 열심히 생각하고 매사에 신중해야 한다. 또 사물을 접할 때 모든 위험과 기회를 알아볼 줄 알아야 한다. 체스 선수처럼 위기를 포착하는 건 물론 모든 전략을 연구해야 해.

나는 상황을 철저히 분석하고 내 능력을 객관적으로 평가했다. 그리고 석유 산업을 두고 전쟁을 시작할 첫 번째 격전지로 클리블랜드 베이스캠프를 선택했다. 그곳에서 20명도 넘는 경쟁자를 모두 제압한 뒤 재빨리 두 번째 전장으로 향했다. 그러고 나서 마침내 모든 상대를 물리치고 석유 산업에서 새로운 질서를 확립할 수 있었다.

전장에 나선 지휘관과 마찬가지로, 목표물을 선정하기 전에 먼저 어떤 무기를 고를지 알아야 한다. 석유 산업을 지휘하려는 계획을 성공시키려면 확실한 해결책이 필요했다. 그 해결책은 바로 자금력이었다. 생산량이 많은 정유소를 사들이려면 큰돈이 필요했다. 하지만 내가 손에 쥔 돈은 계획을 실현하기에는 충분치 않았다. 그래서 나는 주식회사를 설립해 외부 투자자를 끌어들이기로 했다.

우리는 얼마 지나지 않아 오하이오에서 자산을 수백만 달러나 보유한 스탠더드 오일 컴퍼니Standard Oil Company를 세웠다.[04] 불과 3년 반 만에 자본은 많이 늘어났지만, 언제 계획을 실행할지 결

04 록펠러는 1870년, 30세에 자본금 100만 달러로 스탠더드 오일 컴퍼니를 세웠다.

정하는 건 지혜가 필요한 문제였다.

선견지명이 있는 사업가들은 항상 재난에서 기회를 찾아냈고, 나도 그 뒤를 따랐다. 우리가 업계를 정복하기 위한 여정을 시작하기 전에 석유 산업은 혼란에 빠져 있었고, 희망은 전혀 없었다. 클리블랜드 정유 업체 중 90퍼센트는 경쟁이 점점 더 치열해진 탓에 무너지고 있었다. 공장을 팔거나 끝을 바라보는 수밖에 없었다. 경쟁자를 잡기에는 가장 좋은 시기였다. 나는 발 빠르게 움직였다.

이런 시기에 경쟁 업체를 인수하는 건 비윤리적으로 보이지만, 사업과 양심은 아무 상관이 없다. 사업은 전쟁과 같고, 전략과 목표를 세우는 것은 자기에게 가장 유리한 상황을 만들기 위해서니까.

전략을 짜서 정복하기로 한 첫 번째 목표는 취약하고 작은 회사가 아니라 가장 강력한 상대인 클라크 페인이었다. 이 회사는 클리블랜드에서 잘 알려졌고, 내가 운영하는 정유 공장을 인수하려고 할 만큼 야심 찬 상대였다.

하지만 상대가 결정하기 전에 내가 먼저 공격해야 우위를 점할 수 있다. 나는 중학교 시절부터 오랜 친구였던 클라크 페인의 회사 최대 주주 올리버 페인을 만났다. 그리고 수많은 사람의 생계가 걸린 석유 산업을 보호하려면 지금처럼 혼란스럽고 어둠에 휩

싸인 시대를 끝내야 한다고 말했다. 나는 규모도 크고 성과도 좋은 석유 회사를 만들고 싶었고, 올리버가 합류하길 바랐다. 내 계획은 깊은 인상을 남겼고, 그는 마침내 40만 달러에 회사를 매각하기로 합의했다.

나는 클라크 페인의 가치가 그 정도는 아니라는 사실을 알았지만 거절하지 않았다. 클라크 페인을 인수하면 세계 최대 정유 회사라는 간판을 얻게 되고, 클리블랜드에 있는 정유 회사를 효율적으로 통합하는 뛰어난 선구자 역할을 할 수 있으리라 생각했다. 이 전략은 정말 효과가 있었다. 두 달도 되지 않아 경쟁사 스물두 곳이 스탠더드 오일의 지휘하에 들어왔고, 나는 인수전에서 큰 성공을 거두었다.

나는 이를 계기로 거침없는 추진력을 얻었다. 이후 3년 동안 필라델피아, 피츠버그, 볼티모어 정유사를 연달아 정복하며 미국 정유 업계에서 유일무이한 거물이 되었다. 그때 운이 나쁘다고 한탄하며 남들 뒤를 따라갔다면 실패했겠지만 나는 운을 계획하고 그에 따라 행동했다.

이 세상에서는 어떤 일이든 일어날 수 있지만 아무것도 하지 않으면 아무 일도 일어나지 않는다. 씨를 뿌리지 않으면 수확할 수 없다. 나는 군중과 규칙을 맹목적으로 따르는 사람들을 경멸한다. 그들의 두뇌는 잘못된 생각으로 얽혀 있고, 스스로 발을 뺄 수 있다는 것만으로도 만족할 만하다고 믿는다.

아들아, 행운을 이어가려면 신중하게 계획해야 하고, 행운을 잡으려면 좋은 계획이 필요하다. 좋은 계획은 좋은 설계여야 하고, 좋은 설계를 구상할 때는 두 가지 기본 조건을 고려해야 한다.

첫 번째 조건은 뭘 하고 싶은지, 어떤 사람이 되고 싶은지 자기 목표를 아는 것이다. 두 번째 조건은 지위, 돈, 대인 관계, 능력 등 자신이 지닌 자원이 뭔지 아는 것이다.

이 두 가지 기본 전제는 서로 순서를 바꿀 수 있다. 지금 보유한 자원으로 달성할 목표를 찾기 전에 아이디어를 짜고 세부 목표를 세울 수도 있다. 세부 목표와 특정 자원을 찾고 뒤섞어 좋은 설계를 위한 세 번째나 네 번째 조건을 만들 수도 있다. 목표를 이루려면 그에 맞는 자원을 택하고 다뤄야 한다. 몇몇 자원과 세부 목표에 따라 최종 목표를 바꿔야 할 수도 있다. 어떤 목표를 향해 나아갈지는 오직 자기 자신에게 달렸다.

자원과 세부 목표에 따라 최종 목표를 조정하면 자기만의 기반을 쌓게 된다. 너는 설계와 구조를 구상할 수 있다. 나머지는 운이 따라오길 기다리며 너만의 방법과 설계로 시간을 채우는 데 달렸다.

아들아, 운을 설계하는 건 곧 인생을 설계하는 일임을 기억해야 한다. 그러니 운을 기다리는 동안 네 운을 어디로 이끌지 생각해라. 자, 이제 네 차례다. 복잡하게 생각하지 말고 얼마든지 도전해봐라. 분명 멋진 미래가 찾아올 것이다.

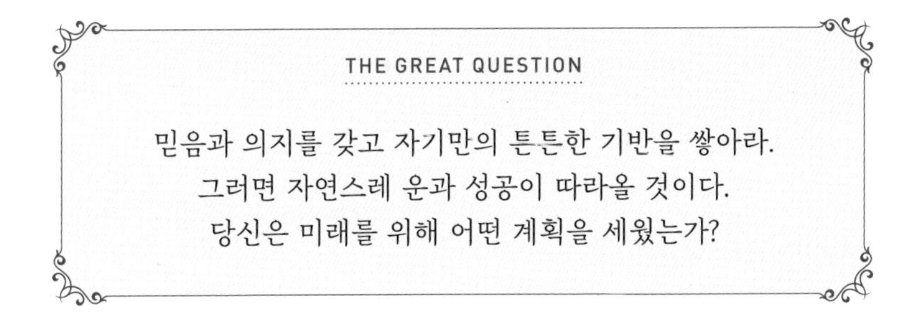

이기겠다는 결의를 다져라

1901년 2월 19일
사랑하는 아들 존에게

지난날 벤슨Byron David Benson 씨[05]가 돌아가셨다는 소식을 들었을 때 나는 아주 슬펐다. 벤슨 씨는 오랜 세월 겨뤄온 라이벌이자, 내가 존경하는 몇 안 되는 사람 중 하나였다. 나는 벤슨 씨가 보여주는 뛰어난 지능과 끈질긴 의지, 우아함에 깊은 감명을 받곤 했지. 우리가 동맹을 맺은 뒤 그가 던진 농담이 아직도 떠오른다.

05 바이런 벤슨은 1880년대 펜실베이니아주에서 활동한 석유 기업가다. 세계 최초로 장거리 석유 파이프라인을 만들었다. 이 파이프라인은 스탠더드 오일 컴퍼니가 석유 운송을 독점할 수 없게 위협했다.

"록펠러 씨, 당신은 냉철한 마음을 지닌 영민한 포식자군요. 저 몹쓸 놈들에게 진다면 강도를 만난 것처럼 자존심이 상하겠지만, 당신 같은 사람과 경쟁한다면 내가 이기든 지든 행복할 것 같습니다."

그때만 해도 벤슨 씨가 나를 칭찬하는 건지, 비꼬는 건지 분간할 수 없었지. 나는 그에게 이렇게 말했다.

"벤슨 씨, 포식자라는 칭호를 정복자로 바꿔주신다면 기꺼이 받아들일 수 있겠군요."

그는 내 말에 미소를 지었다. 나는 적과 용맹하게 싸우는 전사를 존경한다. 벤슨 씨가 바로 그런 사람이었다. 벤슨 씨가 내 적이 되기 전에 나는 미국 최대 철도 회사였던 펜실베이니아 철도 회사를 물리쳤고, 미국에 남은 마지막 대형 철도 회사 볼티모어와 오하이오 철도 회사를 성공적으로 제압했다. 그렇게 가장 굳건한 동맹이었던 이리 철도 회사와 뉴욕 중앙 철도 회사를 비롯해 미국 4대 철도 회사를 거느리게 되었다.

동시에 스탠더드 페트롤리엄[06] 송유관이 유전으로 조금씩 확장되면서 유정과 철도 간선을 연결하는 모든 주요 송유관을 통제할 수 있게 되었다. 당시 내 영향력은 석유 채굴은 물론 정제, 운

06 스탠더드 오일 컴퍼니 자회사 중 한 곳이다.

송, 시장 등 석유 산업 전 분야로 확장되고 있었다. 내가 석유 생산자와 정유사의 생사를 좌우한다고 해도 과언이 아니었다. 나는 그들을 부자로 만들 수도, 빈털터리로 만들 수도 있었지. 하지만 벤슨 씨처럼 내 권위에 정면으로 도전하는 사람도 있었어. 우리는 목숨을 걸고 싸워야만 했다.

벤슨 씨는 내게 짓밟힐까 두려워하는 독립 석유 생산자들을 돕기 위해 브래드퍼드에서 윌리엄스포트까지 송유관을 깔려고 한 야심가였다. 심지어 나를 제거하려고 했지. 돈을 벌겠다는 열정으로 용감하게 내 영역에 뛰어들었다.

펜실베이니아 북동부와 서부를 잇는 송유관은 처음부터 놀라운 속도로 설치되었고, 나는 자연스레 그곳에 주목했다. 아들아, 쉬운 경쟁은 없다. 모든 경쟁은 치열한 게임 그 자체다. 세심하게 주의를 기울이고 끊임없이 의사 결정을 해야 한다. 방심하는 순간 패배를 맛보게 될 거다.

당시 나는 벤슨 씨가 일으키는 문제를 해결해야 했다. 처음에는 벤슨 씨와 승부를 가리는 데 다소 원초적인 방법을 썼다. 벤슨 씨가 앞으로 나아가지 못하게 하려고 펜실베이니아주 경계를 따라 남북으로 길고 좁은 땅을 비싸게 샀다. 하지만 벤슨 씨는 우회로를 택해 내 강력한 펀치를 피했고, 나는 무일푼이 되었다. 그곳 농부들이 하룻밤 사이에 부자가 되도록 도운 꼴이었지. 다시는 떠올리기도 싫은 실수였다.

그런 다음에는 동료들에게 힘을 빌려 송유관이 철도를 통과하지 못하게 하라고 철도 회사에 요청했다. 벤슨 씨도 똑같이 철도 회사에 연락을 취했고 결국 내 방어벽을 성공적으로 격파했다. 마지막으로 정부의 힘을 빌려 벤슨 씨를 막아보려 했지만, 결국 모든 작전이 실패하고 벤슨 씨가 영웅이 되는 모습을 지켜봐야 했다. 그야말로 처참한 패배였지.

상대하기 힘든 적을 만났지만 경쟁에 대한 결의는 흔들리지 않았다. 내가 원유의 흐름을 막지 못한다면 그들은 뉴욕으로 가는 공급로까지 확보할 판이었다. 그러면 나 대신 벤슨 씨가 뉴욕 정유 산업을 차지하게 될 테고, 동시에 브래드퍼드 유전 소유권도 손에 쥘 게 뻔했다. 그것만큼은 허락할 수 없었다. 어떻게든 막아야만 했다.

물론 그렇다고 그들을 절망의 벼랑 끝에 몰아넣을 함정에 빠뜨리고 싶지도 않았다. 내 진짜 목표는 너무 비싼 대가를 치르지 않고 원하는 걸 얻는 것이다. 내가 모든 걸 바쳐 만든 시장을 벤슨 씨가 헤집어놓도록 내버려둘 수는 없었다. 그래서 상대편 회사 주가가 급등하기 시작했을 때 벤슨 씨의 주식을 사겠다고 제안했지만 아쉽게도 거절당했다.

많은 사람이 분노했다. 파이프라인 운송 사업을 감독하던 오데이Daniel O'Day[07]는 아무것도 모르고 덤벼든 그들에게 벌을 주겠다며 파이프라인을 전부 부수려고 했다. 나는 무능한 사람만이 그런 잘못된 방법을 쓴다는 사실을 알았기에 그의 계획을 가로막았다. 나는 오데이에게 이렇게 말했다.

"그런 바보 같은 생각은 관둡시다! 내가 질 거라고 생각하지는 않지만, 만약 지더라도 영광스러운 패배를 택할 테니!"

누구든 들키지 않고 속임수를 쓴다면 경쟁에서 우위를 점할 수도 있겠지. 그러나 사악하고 비윤리적인 행동은 아주 위험하고, 명예를 잃거나 더 나아가 감옥에 가게 될 수도 있다. 이래선 괜한 문제만 키우게 된다.

상대를 기만하는 비윤리적 행동은 오래 이어갈 수 없고, 신뢰할 만한 기업 전략이 될 수도 없다. 이는 상황을 악화시킬 뿐, 미래를 점점 어둡게 만들고 다른 기회를 잡을 수도 없게 할 것이 뻔하다. 원칙은 관계를 만들고, 관계는 장기적인 사업을 불러오고, 좋은 거래는 더 많은 거래를 낳는다. 그러니 우리는 항상 원칙을 지켜야 한다.

내 원칙은 경쟁에 직면하지 않고도 경쟁자들을 무너뜨리는 것

07 은행가 대니얼 오데이는 스탠더드 오일 컴퍼니 수석 임원 중 한 사람으로, 록펠러의 절친한 친구였다.

이다. 그러나 나는 단순한 승리가 아니라 가치 있고 철저하며 품위 있는 승리를 원한다.

벤슨 씨가 자랑스러워하며 성공을 즐기는 사이 나는 그가 막아내기 어려운 방식으로 공격하기 시작했다. 저장 탱크 생산업체에 대량 주문을 넣고, 생산량을 지켜 제때 납품하도록 요청해 벤슨 씨를 포함한 다른 고객을 신경 쓸 겨를이 없게 만들었다.

저장 탱크가 없으면 석유 생산업체는 원유를 내다 버릴 수밖에 없다. 벤슨 씨는 원유를 운송할 수 없게 되었다는 사실을 받아들이는 대신 큰 소리로 불만을 토로했다. 나는 이와 동시에 송유관 운송 가격을 크게 낮춰 벤슨 씨를 통해 원유를 운송하던 정유사들을 우리 고객으로 끌어들였다. 또 뉴욕에 있는 여러 정유사를 미리 인수해 벤슨 씨의 고객이 되지 못하게 막았다. 말 그대로 손발을 묶어버렸지.

훌륭한 지휘관은 승패와 관련이 없는 벙커는 공격하지 않지만, 도시를 무너뜨릴 만큼 강력한 힘을 숨긴 벙커를 파괴하는 데는 최선을 다한다.

나는 매 경기에서 벤슨 씨의 약점을 공략해 결국 승자가 되었다. 가장 긴 파이프라인을 완성한 지 1년도 되지 않아 두 손을 든 벤슨 씨는 화해를 제안했다. 나는 이것이 그들의 진짜 의도가 아님을 알았다. 하지만 그들 역시 나와 계속 싸우면 더 많은 걸 잃게 될 뿐임을 알 터였다.

아들아, 중요한 경쟁은 운명을 좌우하는 전투다. 이 사실을 똑똑히 알고 마음에 새겨라.

"후퇴는 항복을 뜻한다! 후퇴는 너를 노예로 만들 거다!"

전쟁은 피할 수 없다. 그냥 일어나게 둬라! 경쟁은 한순간도 쉬지 않고 일어날 것이다. 우리에게는 쉴 시간이 없다. 우리가 할 수 있는 건 온갖 도전과 경쟁에 맞설 강철 같은 각오를 다지는 일뿐이다. 우리는 자신만만하고 행복해야 한다. 그렇지 않으면 좋은 결과를 내지 못한다.

치열한 경쟁에서 이기려면 무엇보다 정신을 바짝 차리는 게 중요하다. 상대가 너를 약하게 만들려는 계략이 포착된다면, 그때가 바로 경쟁이 시작되는 순간이다. 이 시점에서 너는 네가 가진 게 뭔지 알아야 하고, 친절하고 부드러운 마음이 너를 해칠 수도 있음을 잊지 말아야 한다. 전투에서 이기려면 모든 자원을 잘 활용해야 한다.

용기는 승리로 이끄는 한 축일 뿐, 경쟁에서 이기려면 힘이 있어야 한다. 목발은 다리를 대신할 수 없다. 우리는 두 다리로 우뚝 서서 자기 자신에게 기대야 한다. 만약 두 다리가 너를 지지할 만큼 강하지 않다고 해도, 포기하거나 패배를 인정해서는 안 된다. 열심히 노력해서 다리를 단련하고 튼튼하게 만들어 힘을 발휘해야 한다. 하늘에 계신 벤슨 씨도 이 말을 듣는다면 전적으로 동의할 것이다.

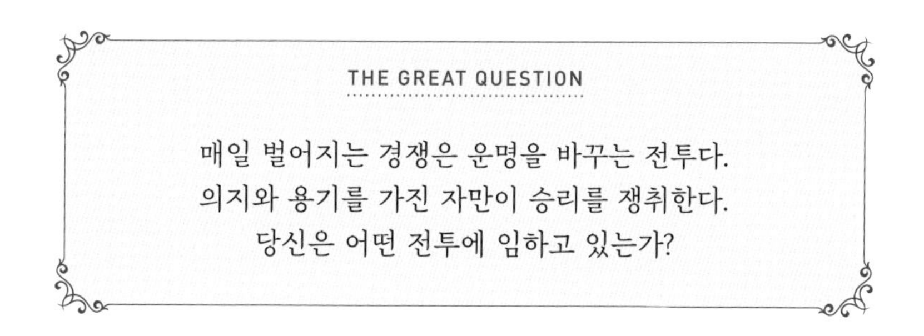

5th Letter

사람들과 힘을 합쳐라

1901년 5월 16일
사랑하는 아들 존에게

네가 드디어 모건John Pierpont Morgan과 합의했구나.[08] 이는 미국 역사상 가장 위대한 거래다. 〈월스트리트저널〉이 보도한 대로 '월가 재벌과 석유 재벌이 만든 초대형 전함이 출항'했다. 미래 세대는 이 위대한 순간을 오래도록 기억하겠지.

08 20세기 거물 은행가 J. P. 모건은 1890년대 말 철강 산업에 발을 들였고, 철강왕 앤드루 카네기의 기업체와 록펠러의 광산 및 증기선을 인수해 1901년 3월 2일 US 스틸을 창립했다. 록펠러는 이 거래에서 당시 27세였던 아들을 대리인으로 내세웠고, 모건이 제안한 금액보다 500만 달러 많은 8,850만 달러를 받아내며 협상에 성공했다.

존, 이런 일을 뭐라고 부르는지 아느냐? 바로 협력의 힘이다. 협력! 이것이야말로 진정한 승리의 비결이다. 오만한 사람들이 보기엔 부끄러운 일일 수도 있겠지. 하지만 이익이 되기만 한다면 협력은 언제나 현명한 선택이다.

이제 한 가지 사실을 알려주마. 오늘날 내가 성공을 이룬 것은 신이 아니라 세 가지 힘이 도운 덕이다. **첫 번째 힘은 규칙이다.** 규칙은 기업을 오래 이끌어가도록 돕는다. **두 번째 힘은 경쟁이다.** 잔인하고 무자비한 경쟁은 모든 일을 더 완벽하게 만든다. **세 번째 힘은 협력이다.** 힘을 합치면 서로가 이익을 본다. 그러면 모두 승자가 될 수 있다.

내가 경쟁에서 앞서나가는 건 다른 사람과 힘을 합치며 지름길을 택한 덕이다. 부를 쌓는 여정을 돌아보면 모든 과정에서 협력한 흔적을 찾아볼 수 있다. 사회에 처음 발을 디딘 그날부터, 언제 어디서나 경쟁이 벌어지는 한 혼자서는 싸울 수 없다는 사실을 깨달았다. 패배를 바라지 않는 한, 똑똑한 사람은 경쟁에서 살아남고 더 강해지고자 눈앞에 있는 경쟁자는 물론 그 누구와도 기꺼이 손을 잡는다.

물론 우리가 지금 모건과 힘을 합치지 않으면 양쪽 모두 경쟁에서 패배한 채 진흙탕 싸움을 벌이게 될 가능성이 크다. 그렇게 되면 카네기가 이익을 보고 앞으로도 철강 산업을 지배할 거야.

하지만 카네기도 마음이 불안할 수밖에 없다. 상대방이 자기 영역을 넘보는데 누군들 침착할 수 있을까? 무덤에 드러누운 망자가 아니라면 말이다.

힘을 합치면 또 다른 상대를 제압하고 목표를 향해 나아갈 수 있다. 협력이 꼭 승리만을 추구하는 건 아니다. 안타깝게도 협력에 담긴 경이로운 가치를 이해하는 사람은 소수에 불과하다. 협력은 우정이나 사랑, 결혼과는 다르다. 협력의 목적은 애틋한 감정이 아니라 이익과 이점을 얻는 데 있다.

성공의 여부는 다른 사람과 힘을 합치고 지원받는 데 달렸음을 알아야 한다. 이상과 현실 사이에는 간극이 있다. 성공하기 위해서는 이 간극을 메워야 한다. 그러려면 다른 사람들에게 손을 내밀어 도움을 받아야 한다.

나는 동업자들과 친구가 되기를 마다하지 않는다. 사업으로 시작한 우정이 우정으로 시작한 사업보다 훨씬 낫다고 믿는다. 내 영원한 동반자, 최고의 조력자인 헨리 플래글러Henry Flagler[09]를 예로 들 수 있지. 그와 동맹을 맺고 투자뿐만 아니라 지혜를 얻은 것은 물론 정신적 지지까지 받았다. 헨리도 나처럼 현실에 안주

09 스탠더드 오일 컴퍼니 공동 창립자 중 한 사람으로, 1867년에 자금 10만 달러를 가져와 록펠러, 새뮤얼 앤드루스와 함께 훗날 스탠더드 오일 컴퍼니의 전신이 되는 록펠러, 앤드루스&플래글러 컴퍼니를 세웠다.

하지 않고 큰 야망을 품었어. 그도 석유 사업에서 거물이 되겠다는 꿈을 꾸었다. 아직도 우리가 처음 힘을 합친 때가 생생하게 기억난다.

우리는 먹고 자는 건 물론 모든 일에 함께하며 떼려야 뗄 수 없는 사이가 되었다. 함께 생각하고, 출근하고, 퇴근하고, 계획을 세우고, 동기를 부여하고, 결의를 다졌다. 그렇게 보낸 시간은 신혼여행처럼 행복한 추억으로 남았다. 수십 년이 지난 지금도 우리는 형제처럼 가까이 지낸다. 이 관계는 아무리 큰돈을 줘도 팔지 않을 거다. 그러니 너도 헨리를 삼촌이라고 부르길 바란다.

우정은 돈으로 살 수 없다. 나는 절대 우정을 사고팔지 않는다. 우정에는 진정한 지원이 필요하다. 헨리와 내가 후회 없는 협력과 영원한 우정을 나눈 이유는 우리가 이익을 추구하는 협업자였고 자기 계발에 철저했으며 '내가 대접받고 싶은 대로 남을 대접하라'라는 진리를 실천했기 때문이다.

이 진리는 내 행동 강령이자 협력자를 대하는 현명한 태도다. 나는 협력자를 돈으로 괴롭히지 않는다. 나는 그들과 얘기 나누기를 좋아하고, 그들을 억압하거나 위협하지 않는다. 그렇지 않으면 협력 관계를 망치고 목표로 나아가기를 포기하게 된다.

물론 오만하고 무례한 사람을 만나면 단호하게 반격한다. 예전에는 뉴욕 중앙 철도를 소유한 코닐리어스 밴더빌트Cornelius Vanderbilt[10]에게 교훈을 줬다. 밴더빌트는 귀족으로 태어나 남북전쟁에서 공을 세워 장군이 되었다. 그는 전장에서 얻은 명예를 인생에 없어서는 안 될 자산으로 여겼고, 자신이 중앙 철도라는 힘을 가졌으니 우리를 풋내기처럼 대해도 된다고 생각했다.

철도 사업을 논하려고 만났을 때 밴더빌트는 이렇게 말했지.

"젊은이, 나와 얘기하고 싶나? 그러기엔 직급이 너무 낮아 보이는데."

내 옆에 있던 헨리는 처음으로 이런 모욕을 당했지만, 그때까지 받은 교육이 빛을 발했다. 그는 밴더빌트 앞에서 화를 내거나 반박하지 않았다. 물론 사무실로 돌아와 펜 홀더 하나를 박살 내긴 했지만. 나는 얼른 그를 위로했어.

"헨리, 그 자식이 지껄인 말은 잊어버리게. 내가 자네 자존심을 세워줄 테니."

나중에 밴더빌트가 우리와 거래하려고 협상을 요청했을 때 나는 사람을 보내 이렇게 전했다.

"좋습니다. 하지만 이야기를 나누려면 우리 사무실로 직접 오

10 19세기 미국을 대표하는 기업가 중 한 사람으로 철도왕, 선박왕이라 불린 대부호였다. 16세에 첫 여객선을 사들인 뒤 선박업에 발을 들여 대성했고, 남북전쟁 당시 여객선을 해군에 기부하고 남군의 무역선을 파괴하는 등 공을 세웠다. 전쟁 이후 급부상한 철도 산업에 진출해 철도선 4개를 소유한 대주주가 되었다.

셔야 합니다."

남들이 아부하며 받들어 모시는 데 익숙해진 장군은 자기보다 마흔 살이나 어린 젊은이들에게 겸손한 태도를 보여야 했다. 또 그 젊은이들이 내건 조건에 따를 수밖에 없었다. 그 순간 밴더빌트 장군은 '올라갈 때 남들에게 친절하게 굴어야 내려갈 때도 만날 수 있다'라는 진리를 깨달았겠지.

나는 사람들에게 무례하게 굴지 않고 직원과 동료에게 인내심을 발휘하려고 애쓴다. 그게 목표를 이루는 데 도움이 된다는 사실을 알기 때문이다. 사람의 능력이나 재능은 돈으로 살 수 있지만 마음은 살 수 없어. 약속한 돈을 내줄 때 존중하는 마음을 보여준다면 그들도 성실하게 도와줄 터다. 이것이 조직을 효율적으로 운영하는 비결이다.

하지만 존중하고 협력하려는 마음 때문에 잘못된 판단을 내려서는 안 된다. 어떻게 하면 다른 이들에게 좋은 사람으로 보일지가 아니라, 이익과 이해관계에서 유리할지 생각해야 한다. 어떤 동맹이든 영원할 수는 없다. 협력은 이익을 얻는 전술일 뿐이니 말이다. 환경이 바뀌면 전술도 바꿔야 한다. 그러지 않으면 패배하고 만다. 현실은 가혹하니 더 강해져야 한다. 물론 한편으로는 좋은 사람이 되려고 애써야 한다.

아들아, 인생의 본질은 투쟁과 경쟁이다. 이 싸움은 아주 흥미

진진하지. 하지만 경쟁이 갈등으로 번지면 파괴와 고난으로 이어진다. 적절한 때 힘을 합치면 이 문제를 해결할 수 있다. 최후의 승자는 그렇게 정해지는 법이다.

너를 사랑하는 아버지가
John Davison Rockefeller

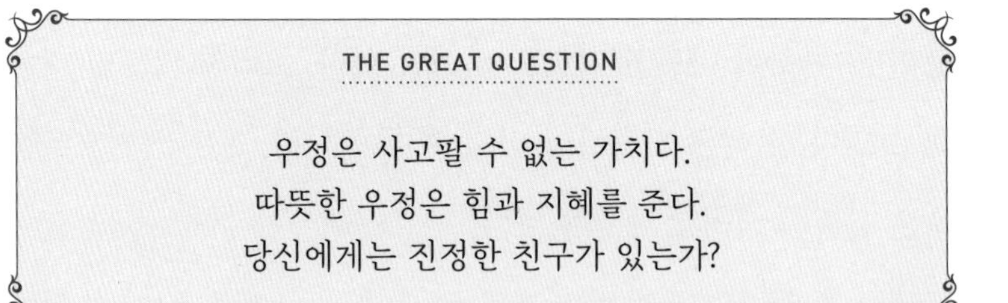
THE GREAT QUESTION

우정은 사고팔 수 없는 가치다.
따뜻한 우정은 힘과 지혜를 준다.
당신에게는 진정한 친구가 있는가?

6th Letter

언제나 목적만을 따라라

1902년 5월 11일
사랑하는 아들 존에게

네가 스탠더드 오일 컴퍼니의 핵심이라는 사실은 너의 자랑이자 나의 자랑이다. 그러나 너는 이 영광에 책임이 따른다는 사실을 알아야 한다. 그렇지 않으면 이 영광은 부끄러워질 뿐이고, 너에게 쏟아지는 희망과 신뢰를 저버리게 된다. 네가 스탠더드 오일 컴퍼니의 중추라는 사실을 잊지 마라. 우리 사업의 성공과 실패가 네게 달렸으니 마음을 굳게 먹고 스스로 높은 기준을 세워라. 때론 희생할 줄도 알아야 한다. 그 자리에서 멋진 일을 해내 모두가 너를 인정하고 존경하게 하려면 아직 배울 게 많다.

이제 네가 이 역할을 잘해낼 수 있을지 스스로 생각해봐야 한다. 모든 리더는 피할 수 없는 가시밭길을 걷지. 직원에게는 스승이자 희망의 전도사 역할을 하지만 언제나 기대에 부응하기는 어려운 일이다. 리더라면 누구나 산더미 같은 업무와 정보, 갑작스러운 변화, 까다로운 경영진, 투자자와 고객의 끝없는 요청, 교육하기 어려운 직원 등 갖가지 문제를 맞닥뜨리게 된다.

매번 튀어나오는 새로운 문제들은 너를 지치게 하고, 좌절이나 공포, 불안이나 막막함을 느끼게 한다. 사업과 삶에서 성공하겠다는 꿈을 깨뜨리기도 한다. 그러나 힘들고 어렵더라도 자신감과 활력이 넘치는 모습을 보여야 한다. 기꺼이 자기 자신을 희생할 줄 알아야 한다. 문제에 쫓기는 게 아니라 기꺼이 해내는 것이다.

나는 스탠더드 오일 컴퍼니를 이끄는 리더로서, 일 잘하는 사람을 찾는 게 곧 내 시간을 만드는 일임을 알기에 권위와 책임을 흔쾌히 받아들인다. 혼자만의 시간은 힘을 줄 뿐만 아니라 회사를 위해 더 많은 돈을 벌 방법을 떠올릴 기회다.

문제는 태도다. 태도가 행동을 좌우한다. 우리가 취하는 태도에 따라 어떻게 행동할지가 정해진다. 그 결과는 곧 분명히 드러난다. 태도를 바꾸면 삶도 바뀐다. 똑똑한 사람은 항상 자기에게 가장 잘 맞는 태도를 택한다. 리더십을 아는 사람은 스스로 묻는다.

"어떤 태도가 진정 원하는 결과를 이루는 데 도움이 될까? 영감을 주는 태도인가? 공감하는 태도인가?"

그들은 절대 냉정하거나 적대적인 태도를 보이지 않는다. 엄한 리더가 되겠다고 생각한다면 제2의 루이 16세가 될 뿐이지. 나는 결코 직원들을 지배하려 들지 않는다. 갈등을 일으키거나 과한 부담을 주지도 않는다. 대신 직원들에게 믿음을 주고 사기를 북돋는다. 그러면 결국 내가 바라는 성과를 거머쥐게 된다. 이런 태도는 직원들과 함께 목표를 이루는 데 도움이 된다. 방법은 아주 간단하다. 목표 설정이 발휘하는 힘을 알고 활용하는 것이다.

나는 목표론자다. 물론 다른 사람처럼 목표의 힘을 과장하지는 않지만, 그 힘이 아주 중요하다고 생각한다. 목표란 잠재력을 끌어내는 원동력이고, 만물을 지배하는 힘이며, 우리 행동에 영향을 미치고 성공을 이루는 데 필요한 수단을 찾도록 영감을 준다. 명확하고 단호한 목표는 우리가 정한 방향에 집중하고 최선을 다하도록 이끈다.

사람이 해내는 일과 최종 성과는 목표의 성격이나 힘과 긴밀하게 이어진다. 목표를 이루고자 당장 뭘 하느냐는 큰 의미가 없다. 생각해보면 스윙 한 번으로 끝나는 골프 경기는 없다. 홀을 하나씩 끝내야 한다. 각 스트로크의 목표는 홀에 최대한 가까이 다가가는 것이다. 목표 세우기는 리더십의 기본이자 전부다.

나는 일을 시작하기 전에 목표를 세우는 데 익숙하다. 동업자와 대화하는 목표, 회의를 여는 목표, 계획을 세우는 목표 등 매일 수많은 목표를 세운다. 뭔가 시작하기 전에는 설정한 목표를 다시 한번 점검한다. 모든 준비를 마친 상태로 출근하기에 '어쩔 수 없다'라거나 '더 이상 상관없다', '더 이상 희망이 없다' 같은 말을 속으로 삼킨 적이 없다. 매일 세우는 목표가 이런 실패를 막았다.

자기 목표를 제대로 세우지 못하면 다른 사람 혹은 무의식에 따라 목표를 정하게 된다. 그러다 결국 상황을 통제하는 힘을 잃을 수도 있다. 주의를 흩뜨리거나 방해하는 사람 혹은 사건을 만날 수도 있다. 부두에서 요트를 띄우고 모터에 시동 거는 일을 잊어버린 꼴이다. 이래서는 해류나 바닷바람에 휩쓸리든지 다른 배에 부딪혀 가라앉게 된다. 바다 건너에서 좋은 일이 기다릴지 모르지만, 기적이 일어나지 않는 한 순조롭게 다다르지 못할 터다.

목표 세우기는 시동 걸기와 같다. 스스로 고른 길로 나아갈 힘이다. 목표는 노력에 방향과 힘을 더한다. 그러나 첫 목표를 세우는 일 정도로는 목표론자가 되는 여정에 첫발을 뗐을 뿐이다. 여정에 따라 목표를 이뤄내야 한다. 직원에게는 의도, 동기, 전략과 계획을 토대로 내가 세운 목표를 가감 없이 설명해야 한다. 나 스스로 이루려는 목표를 모든 사람에게 설명할 수 있어야 한다. 회의나 보고를 시작할 때는 먼저 내 동기와 생각, 기대치를 표현해야 한다.

이로써 얻는 이점은 놀라울 정도다. 직원들은 내 목표를 알아차리고 앞으로 나아갈 올바른 방향을 제시한다. 용기를 내 목표에 솔직해질 때 진정한 지지를 얻을 수 있다. 충성심은 기꺼이 봉사하려는 의지에서 시작된다. 뛰어난 리더는 신뢰와 존중이라는 두 가지 힘을 잘 활용한다. 자기 목표를 정직하게 밝힐 때 이 뜻도 함께 전달된다.

"나는 당신을 믿기에 내 목표를 솔직히 전합니다."

그러면 사람들도 너를 믿게 된다. 너는 직원의 능력뿐만 아니라 귀중한 충성심을 함께 끌어모아야 한다. 다른 사람을 믿고, 다른 사람에게 믿음을 얻는 건 인생에서 좇아야 할 중요한 가치다.

목표를 솔직히 드러내면 쓸데없는 가정을 피할 수 있다. 직원에게 목표를 알려주지 않으면 직원들은 나름대로 모은 단서를 가지고 목표를 추측하는 데 괜한 시간을 쓴다. 정보는 쉽게 왜곡된다.

직원이 리더의 생각을 해석할 필요가 없어야 사기가 오르고 능력이 극대화된다. 그러니 직원에게 쉽고 솔직하게 얘기해라. 목표가 발휘하는 힘은 대신할 수 없다. 목표란 리더가 보내는 성명서이자, 용감하고 단호한 맹세다. 단호한 의지와 끈질긴 집념은 직원들에게 영감을 주고 격려해 업무에서 더 좋은 성과를 내도록 돕는다.

리더의 임무는 문제를 발견하는 일이다. 문제 해결 여부는 직원에게 달렸다. 직원들을 이끌어 임무를 완수하는 게 리더에게 주어진 최우선 과제다. 모든 사람에게 목표와 열정을 보여주면 원하는 대로 이룰 수 있다.

목표는 다이아몬드와 같아서 가치가 생기려면 진품이어야 한다. 진실하지 않은 목표를 내세우는 건 나쁜 일이다. 목표가 발휘하는 힘을 마구 쓰면 믿음을 잃게 마련이다. 아들아, 지옥으로 가는 길은 예쁘게 포장돼 있다. 완벽하게 준비하지 않으면 지옥으로 떨어지고 만다.

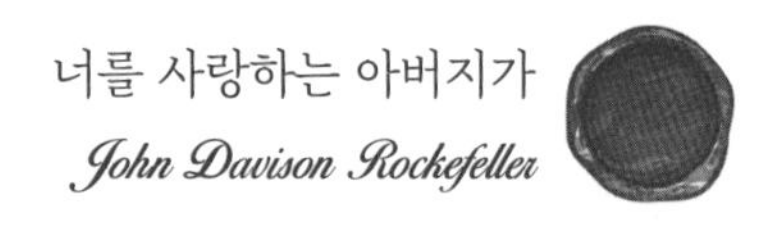

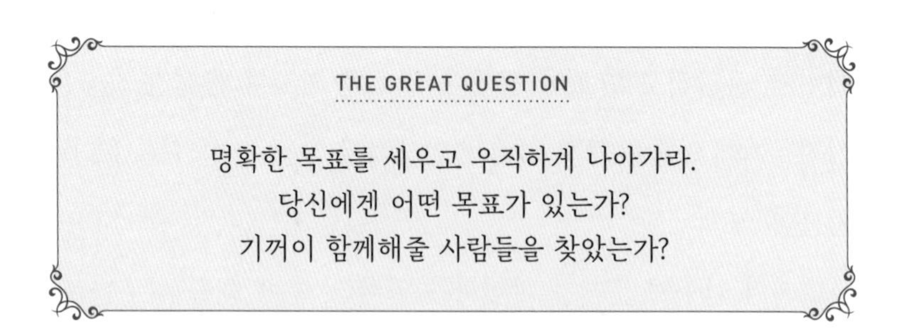

7th Letter

자기 자신을 믿어야 길이 보인다

1903년 12월 4일
사랑하는 아들 존에게

로저에게 큰일을 맡기자는 의견에는 반대다. 이 문제를 두고 로저가 어떤 사람인지 살펴봤지만 결과는 매우 실망스러웠다. 내가 사람을 뽑는 기준은 '문제를 더 잘 처리할 방법을 찾을 사람에게 중요한 일을 맡긴다'다. 로저는 게으르기 때문에 중요한 일을 맡을 자격이 없다. 나는 로저와 일하기 전 한 가지 질문을 던졌다.

"로저 씨, 정부가 30년 안에 모든 교도소를 없애려면 어떻게 해야 할까요?"

로저는 이 말을 듣고 혼란스러워하며 자기가 잘못 들은 게 아닌지 고민했다. 잠시 침묵이 흐른 뒤 그가 입을 열었다.

"록펠러 회장님, 살인범이나 강도를 모두 풀어주자는 말씀입니까? 그러면 평화가 깨지겠죠. 어찌 됐든 교도소는 반드시 있어야 합니다."

나는 그의 머리를 쥐어박고 싶었지만 다시 물었다.

"로저 씨, 당신은 교도소를 없앨 수 없는 이유만 말했습니다. 이제 교도소가 없어질 수도 있다고 생각해봅시다. 교도소를 없애려면 어떻게 해야 할까요?"

그러자 로저는 이렇게 답했다.

"록펠러 회장님, 저는 교도소가 없는 미래를 상상하기 어렵습니다. 교도소를 어떻게 없앨지도 모르겠고요."

이게 로저가 일하는 방식이다. 로저는 무거운 책임을 지거나 기회 혹은 위기가 닥쳤을 때, 어떻게 재능을 발휘하고 문제에 대응할지 상상할 줄 모른다. 그래서 나는 그를 믿지 않는다.

일을 더 잘할 방법을 찾는 능력을 갖추었다면 어떤 일이든 해낼 수 있다. 여기엔 엄청난 지혜는 필요하지 않고, 할 수 있다는 믿음만 가지면 된다. 어떤 일을 못 한다고 생각하면 우리 뇌는 그 일을 피할 이유를 찾는다. 하지만 할 수 있다고 믿으면 뇌는 다양한 방법을 찾아준다. 그 과정에서 새로운 해결책이 떠오르고 창의성이 발휘된다. 반대로 못 한다고 생각하면 문제를 그저 내버려둘 뿐이다. 즉 창의성이나 지혜를 발휘하지 못한다. 이런 태도는 꿈과 이상까지 무너뜨린다.

열망은 창조와 성취를 이룰 토대다. 나는 직원이 "불가능합니다"라고 말하는 게 싫다. '불가능'은 실패를 뜻한다. 불가능하다는 생각에 지배당하는 사람은 자기가 옳다는 걸 증명하려고 괜한 변명만 늘어놓는다. 로저는 그런 실수를 저질렀다. 그는 꽉 막힌 사고방식의 소유자고, 머릿속은 무감각하다. 로저는 교도소가 100년도 넘게 운영되었으니 좋은 제도임이 분명하다고 답했다.

그대로 둬도 되는데 왜 위험을 감수해야 할까? 변화를 일으키려고? 변해야 할 이유를 부지런히 생각해야만 달라질 수 있다. '보통 사람들'은 진보를 꺼린다. 사람들 대부분은 최선의 방법을 찾는 건 불가능하다고 생각한다.

가장 좋은 방법은 새로운 생각을 많이 떠올리는 것이다. 눈과 얼음 위에서는 아무것도 자라지 못한다. 케케묵은 생각으로 마음을 얼려버리면 새로운 생각이 자랄 수 없다. 케케묵은 생각은 새로운 생각을 방해하는 가장 큰 적이다.

로저는 모든 생각을 열린 마음으로 받아들여야 한다. 새로운 생각을 '실현 불가능'이라거나 '쓸모없다', '멍청하다'라고 여기는 잘못된 태도를 버려야 한다. 새로운 일에 도전할 만큼 용감한 실험 정신을 발휘해야 한다. 실험 정신은 능력을 기르고 더 큰 책임을 감당하도록 해준다. '평소에 이렇게 하니까 여기에도 이 방법을 써야지'라고 생각하기보다는 '평소보다 더 잘할 방법이 없을까?'라고 고민하며 스스로 나아가야 한다.

모든 계획이 완벽할 수는 없고, 그러니 조금이라도 개선될 가능성이 있다. 나는 이 사실을 알기에 더 나은 방법을 찾곤 한다. 나는 나 자신에게 "과연 이보다 더 잘할 수 있을까?"라고 묻지 않는다. 분명 더 잘할 수 있음을 알기에 "어떻게 해야 더 잘할 수 있을까?"라고 묻는다. 완벽한 아이디어를 찾는 가장 좋은 방법은 많은 아이디어를 떠올리는 것이다.

나는 앞으로도 나와 다른 사람들을 위해 더 높은 기준을 세울 생각이다. 효율성을 높이고, 적은 비용으로 큰 보상을 얻고, 적은 에너지로 더 많은 일을 해낼 다양한 방법을 끊임없이 찾아낼 것이다. 더 잘할 수 있다는 태도로 임하는 사람이 크게 성공한다는 사실을 알기 때문이다. 이런 태도를 갖추려면 매일 성찰해야 한다. "오늘 어떻게 하면 더 잘할 수 있을까?", "오늘 직원들에게 어떻게 동기를 부여할까?", "회사에서 어떤 특별한 서비스를 제공할 수 있을까?", "어떻게 해야 더 효율적으로 일할 수 있을까?"

이런 연습은 간단하지만 아주 유용하다. 시도해보면 더 큰 성공을 거둘 새로운 방법을 얼마든 찾을 수 있다. 사고방식이 능력을 결정하기 때문이다. '이 정도는 할 수 있다'라고 믿으면 정말

할 수 있게 된다. 그러니 새로운 도전을 피하는 건 어리석은 일이다. 우리는 어떻게 해야 더 많은 일을 할 수 있을지 집중해야 한다. 이러면 의외로 새로운 답이 나온다.

예를 들어 현재 업무 계획을 개선하거나, 일상 업무에서 지름길을 찾거나, 사소한 일을 처리할 때 등 더 많은 일을 해낼 방법 대부분은 이 과정에서 떠오른다. 아들아, 로저와 얘기해봐라. 그가 변하면 좋겠다. 그러면 로저도 더 나은 삶을 살 수 있을 것이다.

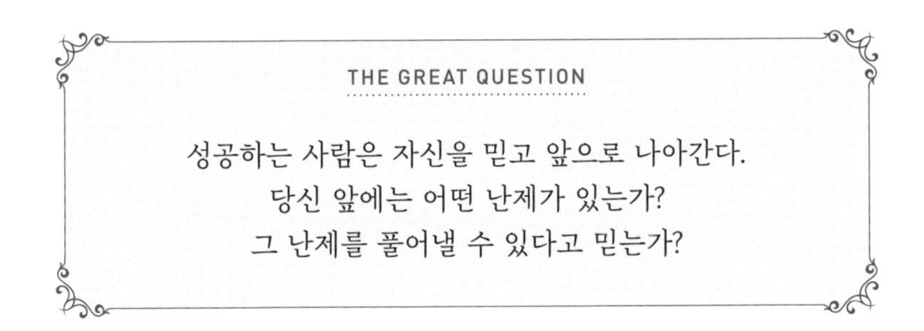

8th Letter

끝은 새로운 시작이다

1908년 8월 31일
사랑하는 아들 존에게

앤드루 카네기가 다시 기자들과 인터뷰하기 시작했다. 왜 신문에 나오는 걸 좋아하는지 모르겠구나. 사람들이 자기를 잊을까 봐 걱정하는 모양이지.

하지만 나와 종종 경쟁하는 카네기는 아주 대단한 사람이다. 카네기는 지칠 줄 모르는 철인처럼 부지런하게, 야심을 품고 앞으로 나아가는 일을 첫째, 둘째, 셋째로 여긴다. 그래서인지 성공한 비결을 묻는 기자들에게 "끝은 시작일 뿐"이라고 이야기하곤 한다. 이 대장장이가 어떻게 이토록 좋은 말을 남길 수 있는지 놀라울 정도다.

이 짧은 문장은 곧 널리 퍼질 것이다. 카네기는 경영 철학자라는 명성을 얻겠지. 물론 그는 사람들에게 칭송받을 자격이 있다. 성공을 이룬 자기 삶을 이렇게 짧은 문장으로 압축했다는 사실만으로 사업계 거물다운 위대한 지혜를 보여준 셈이다.

하지만 카네기는 성공 공식을 알려줬을 뿐, 이뤄나가는 과정은 보여주지 않았다. 사람들이 자신의 성공 비결을 엿볼까 두려워하는 듯하다. 나는 이 대장장이가 남긴 공식을 풀어낼 테지만 다른 사람들에게는 알리지 않으려 한다. 그렇지 않으면 비밀을 퍼뜨린 대가로 카네기가 위스키와 시가를 보낼 거다. 그는 내가 술을 마시지도, 담배를 피우지도 않는 걸 아니까 말이다. 아주 재미있는 사람이지.

"끝은 시작일 뿐"이라는 말은 수없이 새끼를 낳는 소처럼 꾸준한 과정을 통해 꿈이 이뤄진다는 사실을 보여준다. 소는 새끼를 낳으면 곧바로 다른 새끼를 밴다. 앞뒤로, 끝없이 말이다. 끝이란 여행의 종점이자 새로운 꿈의 시작점이다. 위대한 성공을 이룬 사람들은 작은 성공으로 자기 자신을 키운다. 그들은 마지막에 이뤄낸 성공을 자축하는 동시에 새로운 꿈의 시작을 알린다. 이는 위대한 업적을 이룬 사람들이 갖춘 자질이다.

새로운 꿈은 어떻게 시작될까? 카네기는 이에 대해 말하는 걸

'잊었다'라고 했다. 사실은 숨기려 했지. 새로운 꿈을 시작하는 일은 우리가 마지막 목적지까지 순조롭게 나아갈 수 있을지 결정하는 열쇠이자, 그다음에 이룰 꿈으로 이어지는 길이다. 사실 답은 간단하다. 처음부터 이점을 얻고자 할 수 있는 모든 일을 해야 한다. 내가 경험한 바로는 세 가지 전략이 있다.

첫째, 처음에 마음을 정했다면 경쟁사와 경쟁자의 자원에 주의를 기울여라. 경쟁자는 물론 내 자원에도 신경 써야 한다. 기본을 이해해야 한다는 뜻이다. 새로운 사업을 시작할 때는 전반적인 상황을 파악하기 전까지 함부로 움직여선 안 된다. 성공을 거머쥐는 첫 단계는 목표를 이루는 데 쓸 자원이 어디에, 얼마나 필요한지 파악하는 것이다. 나는 처음부터 어떤 기회가 생길지 예측하려 애썼고, 기회가 보이면 사자처럼 달려들었다. 상대가 보기에 만만치 않은 적으로 거듭나야 한다.

사람들 대부분은 가장 좋은 기회만 바라보고 두 번째나 세 번째로 좋은 기회는 쉽게 포기한다. 하지만 두 번째나 세 번째라도 가장 나쁜 기회보다는 훨씬 나으므로 제일 좋은 기회만 노리는 건 바람직한 전략이 아니다. 현실에서 가장 좋은 기회는 드물지만, 두 번째나 세 번째로 좋은 기회는 생각보다 자주 찾아온다. 아무 기회도 없는 것보다는 훨씬 낫다.

둘째, 상대방의 상황을 조사하고 살펴본 다음 이에 기반한 정보를

활용해 자신만의 장점을 만들어라. 상대방의 강점과 약점, 일하는 방식, 성격 특성을 알면 경쟁에서 우위를 차지할 수 있다. 물론 자기 자신이 어떤 사람인지도 알아야 한다. 나는 이 전략을 써서 "끝은 시작일 뿐"이라는 말을 남긴 카네기를 이기기도 했다.

카네기는 철강업계 거물이다. 카네기에게 도전하는 건 죽음을 자처하는 것과 같지만, 카네기의 약점은 그를 상대할 때 큰 도움이 된다.

그는 고집이 세다. 돈이 너무 많은 모양이다. 카네기는 다른 사람을 내려다보고 과소평가하곤 한다. 그는 석유 사업을 하는 내가 어리석다고 생각하며 관심을 두지 않았다. 또 광석 종류가 많고 가격이 너무 싼 탓에 어리석은 사람만이 광석 사업에 투자한다고 믿었다. 그래서 내가 광산업에 투자하자 '철강은 전혀 모르는 미국 최악의 투자자'라며 조롱했다. 산비탈만 들여다보고 정상을 올려다보지 못한 셈이다. 카네기는 가격이 중요하지 않다는 사실을 몰랐다. 중요한 건 가치다. 광산업을 장악하지 못하면 그가 자랑하는 제철소는 고철 더미로 전락할 수밖에 없다. 남들이 나를 경쟁 상대로 여기지 않을 때야말로 큰돈을 벌어들일 기회다.

나는 처음부터 과감하고 크게 투자할 자신이 있었다. 그럴 때는 신중함보다 추진력이 낫다. 잘난 대장장이는 '미국 최악의 투자자'가 철광 산업을 장악하고 미국에서 가장 큰 철광석 생산자로 거듭나 싸움을 걸어오리라는 사실을 깨달았지. 그러자 마음이 불안해져 화해를 청했어. 경쟁에서는 상대방의 약점을 먼저 찾아내 강하게 공격하는 사람이 승자가 된다.

셋째, 올바른 마음가짐을 가져라. 처음부터 꼭 이기겠다고 결심해야 한다. 이런 태도는 잔인하고 무자비한 목표에서 나온다. 그러니 윤리를 해치지 않는 선에서 강하고 과감하게 움직여야 한다. 이기기로 결심했다면 최선을 다해야 한다. 그래야 영광스러운 성과를 얻을 수 있다. 이런 태도는 경쟁이 막 시작될 때 특히 중요하다. 초반에 우위를 점하고 독점적 지위를 거머쥐려 애써라. 냉정하게 말하면 노력이란 서로 기회를 뺏고 뺏기는 싸움이다.

동시에 긍정적이고 용감하게 생각해야 한다. '고래도 삼킬 수 있다'라는 심정으로 포부와 용기를 가져라. 재능 넘치는 인재는 전사들 사이에서 태어난다. 이는 유서 깊은 법칙이다. 사도 바울은 신약성경에서 이렇게 말했다. '믿음, 소망, 사랑 중 가장 큰 힘은 사랑이다.'

새로운 꿈을 시작할 때 가장 중요한 힘은 승리를 이루겠다는 결심이다. 승리를 바라는 올바른 태도를 갖추지 않으면 경쟁에 주의를 기울이고 상대를 이해하는 일은 아무 쓸모가 없다. 지식을 쌓고, 통제력을 유지하고, 경쟁하는 과정을 평가하는 일은 자신감을 기르고 승리라는 목표를 이루는 데 도움이 된다. 사람들은 대부분 실수를 저질러서가 아니라 온 힘을 다하지 않아서 실패한다. 사업도 마찬가지다.

아들아, 카네기가 남긴 "끝은 곧 시작"이라는 말과 내가 이야기한 세 가지 전략을 잊지 마라. 나는 구할 가치가 없는 전략가를 굳이 구하지 않는다.

너를 사랑하는 아버지가
John Davison Rockefeller

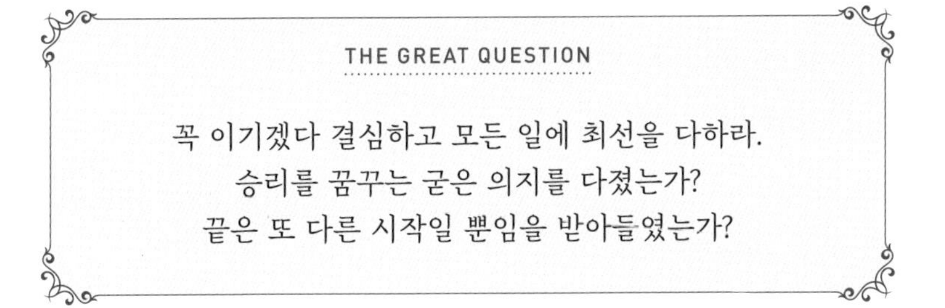

THE GREAT QUESTION

꼭 이기겠다 결심하고 모든 일에 최선을 다하라.
승리를 꿈꾸는 굳은 의지를 다졌는가?
끝은 또 다른 시작일 뿐임을 받아들였는가?

9th Letter

남을 탓하거나 변명하지 마라

1910년 7월 24일
사랑하는 아들 존에게

남에게 뒤처지길 싫어하고 자기가 세계에서 가장 큰 부자라고 믿는 앤드루 카네기가 나를 찾아와 아주 중요한 아홉 가지 문제를 논했다면 믿겠느냐? 이틀 전에 위대한 대장장이, 카네기가 나를 찾아왔다. 내가 보낸 따뜻한 미소와 편안한 분위기가 카네기의 강철 같은 자존심을 녹인 모양이지. 카네기는 이렇게 말했다.

"록펠러 씨, 당신은 아주 유능한 사람들을 이끄는 듯하군요. 하지만 제가 보기에 그들의 재능은 평범한 수준입니다. 그런데도 그들은 무적이라도 된 듯 경쟁자를 쉽게 물리치더군요. 아주 당혹스러웠습니다. 그토록 강한 정신력을 이끌어낸 비결이 뭡니까? 돈인가요?"

나는 돈의 힘을 무시할 수는 없지만, 책임에서 생기는 힘이 훨씬 크다고 답했지. 이는 누가 뭐래도 명백한 사실이다. 행동은 때로 아이디어가 아니라 책임감에서 나온다. 스탠더드 오일 컴퍼니에서 일하는 직원 모두 책임감이 있고 "내 책임은 뭐지? 어떻게 해야 더 잘할 수 있을까?"라고 고민한다. 하지만 나는 책임이나 의무를 강조하지 않는다. 회사에서 리더십을 발휘해 각자 책임지는 분위기를 만들 뿐이다. 내 대답은 카네기의 호기심을 자극했다. 카네기는 진지하게 물었다.

"어떻게 하셨는지 알려주시겠습니까?"

카네기의 겸손한 표정을 보니 거절할 수 없어 진실을 말해주었다. 끝까지 살아남으려면 어떤 이유로든 다른 사람이나 무언가를 탓하지 말아야 한다고 말이다.

비난하는 습관은 늪과 같다. 일단 비틀거리며 늪에 빠지면 발판과 방향을 잃고 움직일 수 없게 된다. 그러다 결국 증오와 좌절이라는 늪에 빠지고 만다. 이렇게 되면 결과는 단 하나, 직원들이 보내는 존경과 지지를 잃는다. 이 지경이 되면 아무것도 지배할 수 없으니 왕좌를 남에게 넘겨주는 꼴이다.

나는 비난이야말로 리더십을 망가뜨리는 가장 큰 적임을 안다.

또 이 세상에 영원히 이기기만 하는 장군은 없다는 사실도 안다. 누구든 좌절과 실패를 겪는 만큼, 나는 문제가 생겨도 원망하거나 불만을 품지 않는다. 어떻게 해야 상황이 나아질지만 생각한다. 상황을 해결하거나 되돌리려면 어떻게 해야 할까? 어떻게 하면 생산성과 만족도를 끌어올릴 수 있을까? 물론 나 자신을 돌아보기도 한다. 우리에게 나쁜 일이 생기면 나는 잠시 멈춰 서서 스스로에게 질문을 던진다.

"내 책임은 뭔가?"

원점으로 돌아가 내 역할을 정직하게 평가하고, 다른 사람이 한 일을 훔쳐보거나 뭔가 바꾸라고 하는 식으로 의미 없는 짓을 하지 않는다.

자기 자신에게 집중해야 무심코 내려놓은 왕관을 되찾을 수 있다. 그러나 '내 책임이 뭔지' 분석하는 일이 자책으로 이어져선 안 된다. 자책은 교활한 함정이니까. '어리석은 실수'를 저질렀다는 자책은 다른 비난처럼 자기 자신을 원망과 불만이라는 함정으로 떠밀 뿐이다.

"내 책임은 뭔가?"라는 질문에는 강한 분석력과 자기 확신이 필요하다. 남이 아니라 내가 해결할 일임을 알면 더는 불평하지 않게 된다. 이 과정은 나를 더 강하게 만들 뿐이다. 내가 강해질수록 다른 사람이 내게 미치는 영향력은 약해진다.

장애물 앞에서 남을 신경 쓰지 말고 나 자신을 이해할 기회로 삼는다면 어떤 역경을 만나든 탈출구를 찾을 수 있다. 물론 나 자신이 천재나 구세주라고 생각하지는 않는다. 스스로에게 물을 뿐이지. "어떻게 책임져야 할까?", "직원들은 어떤 책임을 지는가?"

리더의 역할은 전지전능한 힘으로 모든 책임을 지는 게 아니다. 자신이 세상을 구할 정의의 사자라고 생각한다면 위기에 빠질 뿐이다. 내 책임은 다른 사람들이 각자의 몫만큼 책임지도록 돕는 것이다. 직원이 자기 이익을 신경 쓰지 않으면 열심히 일하려는 마음이 들 리 없다. 이익에 관심이 없다면 회사를 떠나 사회에 봉사해야 한다.

책임감에서 비롯된 압박은 자기도 모르게 흥분하도록 만든다. 책임감만큼 일할 능력을 자극하고 강화하는 힘은 없다. 직원에게 책임을 맡기고 내가 그들을 믿는다는 확신을 주면 가장 큰 도움이 된다. 그렇기에 직원이 맡을 책임을 내가 대신 짊어지지 않는다. 또 책임감 있는 회사 분위기를 만들고자 솔선수범한다. 직원들도 내 기본 원칙을 안다.

"스탠더드 오일 컴퍼니에는 문책도 변명도 없다!"

이게 모두가 아는 내 경영 철학이다. 직원이 실수했다고 벌을 주지는 않지만, 무책임한 행동은 절대 용납하지 않는다. 이런 신념이 사내 문화에 녹아들어야 한다. 그러면 지원과 격려, 존중은 진심으로 받아들여지고 가치는 두 배로 인정받는다.

해결책 없이 변명만 늘어놓는 태도는 스탠더드 오일 컴퍼니에서 용납되지 않는다. 물론 직원들에겐 모든 기회가 열려 있으니 실수가 거의 없다. 직원들은 의견을 제시하거나 불만을 제기할 수 있지만, 책임감을 가져야 한다. 우리는 모든 문제를 드러내고 논의한다는 규칙을 이해하므로 서로를 믿는다.

카네기는 훌륭한 학생이었다. 그는 내가 시간을 낭비하게 만들지 않았다. 이 이야기를 마치자 카네기가 이렇게 말했다.

"아무리 훌륭한 직원이라도 불만이 쌓이면 폭도가 된다는 말씀이시군요."

카네기는 무척 똑똑한 사람이다. 사람들은 대부분 책임을 피하려는 방어 심리를 품는다. 어디에서나 그런 사람을 볼 수 있다. 하지만 방어 심리는 나쁜 영향을 줄 뿐이다. 방어 심리 작동을 멈추는 방법은 상대가 하는 말을 잘 듣는 것이다.

리더에게 주어진 가장 큰 과제는 진실을 숨기기보다 솔직하게 말해 편안한 환경을 만드는 일이다. 다른 사람들이 자기 생각을 말하도록 하고 "조금 더 말씀해보세요"라거나 "당신 의견을 듣고 싶어요" 같은 말로 격려해라.

사람들 대부분이 생각하는 바와 달리, 대화에서 힘을 가진 쪽은 말하는 사람이 아니라 듣는 사람이다. 믿기지 않는다고? 생각해보면 말하는 사람의 어조나 집중력, 말하는 내용은 듣는 사람에 따라 달라진다는 걸 알 수 있다.

적대적이고 공격적인 사람과 내 말에 집중하는 사람을 상상해봐라. 남이 하는 말에 귀를 기울이기만 해도 방어 태세를 풀 수 있다. 그러면 여러 이점이 생긴다. 우선 공격적인 언어 뒷면에 숨은 근본적인 문제를 더 깊이 이해할 수 있다. 그러면 더 많은 정보를 얻고 사건을 안팎으로 살필 수 있다. 생각을 정리할 시간도 많아진다. 말하는 사람은 네가 그들의 관점을 소중히 생각한다고 느끼겠지.

가장 흥미로운 점은 상대의 말에 귀를 기울이면 그 사람 역시 기꺼이 네 의견을 듣는다는 사실이다. 경청은 수동적인 태도가 아니다. 마음에 들지 않는 말이라도 반박하지 말고 귀를 기울여야 한다. 경청은 기술보다는 태도에 가깝다.

스키를 타는 사람은 장애물을 만났을 때 100퍼센트 집중하고, 나중에 할 말을 생각하느라 정신을 흩뜨리지 않는다. 마찬가지로 잘 듣는 사람은 다른 사람 말에 주의를 기울이고 자기 생각을 허투루 말하지 않는다. 이런 식으로 선입견을 없애고 마음을 열면 더 뜻깊고 쓸모 있는 대화가 이뤄진다.

우리는 오랫동안 우리 삶을 만들었고, 삶 또한 우리 자신을 만들었다. 이 과정은 앞으로도 이어질 테고, 우리는 결국 스스로가 내린 결정에 책임을 져야 한다. '목적'이 방향을 정하듯, 남을 탓하지 않고 그들의 말에 집중하면 목표로 가는 길을 낼 수 있다.

너를 사랑하는 아버지가
John Davison Rockefeller

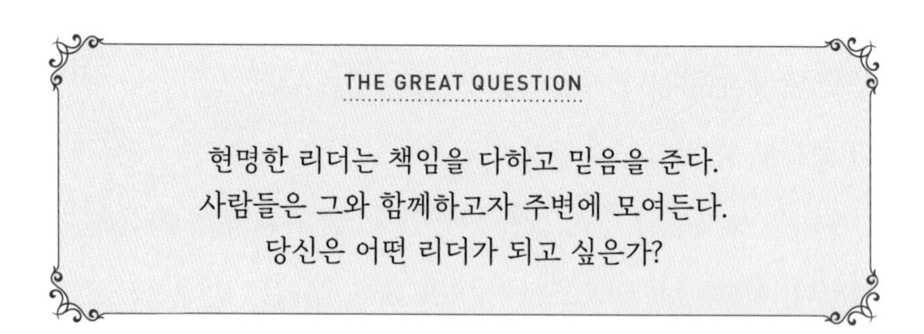

THE GREAT QUESTION

현명한 리더는 책임을 다하고 믿음을 준다.
사람들은 그와 함께하고자 주변에 모여든다.
당신은 어떤 리더가 되고 싶은가?

10th Letter

지옥은 선한 사람들로 가득하다

1918년 8월 11일
사랑하는 아들 존에게

오늘 골프를 치러 가는 길에 오랫동안 만나지 못한 새로운 도전자와 맞닥뜨렸다. 한 젊은이가 멋진 쉐보레를 타고 거만하게 내 차를 추월했지. 이 노인의 경쟁심을 자극한 젊은이는 결국 내 차의 뒷모습만 바라볼 수밖에 없었다. 나는 사업에서 상대를 꺾을 때처럼 매우 기뻤다.

아들아, 열망은 절대 사라지지 않는 내 본성이다. 그러니 나는 내 끝없는 욕심을 비난하는 사람들이 틀렸다고 말한다. 사실 나는 돈을 좋아하는 게 아니다. 내가 좋아하는 건 돈을 버는 일 그 자체고, 승리하는 순간에 따르는 쾌감이다.

물론 다른 사람이 패배하는 모습을 지켜볼 때는 연민이 들기도 한다. 하지만 사업이란 가혹한 경쟁이다. 다른 사람을 밀어내겠다는 결심은 무자비해 보이지만, 경쟁에서 상대를 이길 방법을 찾아야 패배라는 비극적 운명을 피할 수 있다.

성공하려면 다른 사람을 희생시켜야 할 때가 많다는 것은 결코 부정할 수 없는 사실이다. 하지만 승리하길 원한다면 동정심은 버려야 한다. 좋은 사람이 되고 싶다는 이유로 자기가 가진 힘을 쓰지 않고 경쟁자를 밀어내길 피하거나 미뤄서는 안 된다.

너도 잘 알다시피 지옥은 선한 사람들로 가득하다. 실패가 가져다주는 고통 역시 사업이라는 전쟁의 일부다. 우리는 모두 상대의 목을 조르고 있다. 전쟁에서 끝까지 경쟁하고 싸우겠다는 의지가 없다면 패자가 될 뿐이다.

솔직히 말해 나는 경쟁을 좋아하지 않는다. 그럼에도 경쟁하려고 애쓴다. 쉽게 이길 수 없는 강한 상대를 만날 때마다 마음속 경쟁심이 불타오른다. 경쟁심이 사그라든 후 내가 얻는 건 승리와 행복이다. 한때 내게 이런 즐거움을 안겨준 포츠Joseph D. Potts[11]

11 19세기 미국 사업가로 1865년에 복합 화물 운송 회사 엠파이어 트랜스포테이션 컴퍼니를 세웠다. 이 회사는 석유 운반차 수천 대와 석유 파이프라인을 이용해 연간 300만 배럴에 달하는 원유를 수송했다.

는 훌륭한 사람이었다. 포츠와 벌인 전쟁은 내 실수, 즉 친절이 빚은 실수 탓에 일어났다.

1870년대에는 펜실베이니아 북서부 좁은 지역에 석유가 몰려 있었다. 만약 그곳에 모든 유정을 잇는 송유관 연결망을 만든다면 석유가 나오는 지역 전체를 밸브 하나로 제어할 수 있었다. 다시 말해 산업을 완전히 장악할 수 있었다. 하지만 장거리 운송에 파이프라인을 쓰면 함께 일하는 철도 회사들이 불안과 공포에 빠지리라는 점에서 우려가 생겼다. 나는 고심 끝에 내게 많은 도움을 준 그들의 이익을 보호하기로 했고, 송유관 부설 계획을 추진하지 않았다.

하지만 속임수를 쓰며 나와 협상하던 펜실베이니아 철도 회사가 야심을 품었다. 그들은 나를 대신해 정유 사업을 통제하에 두려고 했다. 그들은 석유가 나오는 지역에서 가장 큰 송유관 두 개를 자기들 철도망에 끌어들이면서 우리 목을 조여왔다. 이 임무를 맡은 사람이 바로 펜실베이니아 철도 회사의 자회사 엠파이어 트랜스포테이션 컴퍼니 사장, 포츠였다.

가만히 앉아 상대를 지켜보는 사이에 숨은 경쟁자가 힘을 키우면 내 힘은 약해지고, 심지어 자리를 빼앗길 수도 있다. 그러나 나는 그렇게 어리석지 않았다. 내 신념은 남들보다 먼저 목표에 다다르는 것이다.

나는 영민하고 유능한 오데이와 함께 재빨리 미국 운송 회사를 세우고 엠파이어 트랜스포테이션 컴퍼니를 역습했다. 다행히 우리 노력이 결실을 맺어 1년 만에 석유 지역 운송 사업의 40퍼센트를 장악하고 포츠의 공격을 진압했다. 하지만 이는 포츠와 벌인 전쟁의 시작에 불과했다.

이 세상에서 앞서나갈 수 있는 사람은 자신에게 가장 좋은 환경을 찾는 법을 안다. 그런 환경을 찾아낼 수 없다면 직접 만들어내야 한다.

2년 후 펜실베이니아주 브래드퍼드에서 새로운 유전이 발견되었다. 오데이는 재빨리 직원들을 이끌고 그곳으로 갔다. 수백만 명이 부자가 되겠다는 꿈을 꾸면서 모여드는 땅이었다. 사람들은 밤낮으로 새로운 유정과 이어지는 송유관을 만들었다.

하지만 유전 지역에 모인 사람들은 모두 광기에 찼고 절제할 줄 몰랐다. 그들은 우리가 기름을 모으고 옮길 시간을 하룻밤도 주지 않았고, 기쁨에 찬 얼굴로 또 기름을 파내러 떠나버렸다. 때문에 오데이와 직원들이 아무리 열심히 일해도 석유 저장과 운송 수요에 맞출 수 없었다. 나는 최선을 다해 일한 석유 생산자들이 제 무덤을 파고 자멸하는 꼴을 보고 싶지 않았다.

나는 오데이에게 석유 생산자들을 만나 그들이 생산하는 속도가 우리 운송 능력을 훨씬 앞질렀다고 경고해달라 부탁했다. 생산량을 줄이지 않으면 앞으로 나오는 검은 금은 쓸모없는 흙이 될 터였다.

그러나 아무도 조언을 받아들이지 않았고, 오히려 우리가 석유를 받아주지 않으려 한다면서 격하게 비난했다. 브래드퍼드 석유 생산자들이 품은 불만이 최고조에 달하자 포츠도 움직이기 시작했다. 포츠는 먼저 뉴욕, 필라델피아, 피츠버그 정유 공장에서 경쟁사 공장 인수를 주도했다. 또 브래드퍼드에 있는 부지를 점령하고 송유관을 심어 브래드퍼드에서 나오는 원유를 자기네 정유 공장으로 옮겼다.

나는 포츠의 용기에 감탄했고, 정유 업계에서 내 영향력을 약화하려는 도전을 기꺼이 받아들였다. 그러다 결국 포츠를 업계에서 몰아내야 했다.

나는 가장 먼저 펜실베이니아 철도 회사 소유주인 스콧Thomas A. Scott을 만났다. 나는 그에게 포츠는 우리 영역에 쳐들어온 밀렵꾼이니 함께 막아야 한다고 가감 없이 말했다. 하지만 고집 센 스콧은 포츠가 벌이는 도둑질을 내버려두기로 마음먹고 있었다. 나는 이 강한 적과 맞설 수밖에 없었다.

우선 펜실베이니아 철도 회사와 모든 거래를 끊었다. 그리고 직원들에게 우리를 굳건히 지원해온 두 철도 회사로 운송 사업을 곧장 옮기고, 가격을 낮춰 펜실베이니아 철도 회사의 경쟁력을 떨어뜨리라고 지시했다. 동시에 피츠버그에서 펜실베이니아 철도 회사에 의존하는 정유소를 모두 폐쇄했다. 또 엠파이어 트랜스포테이션 컴퍼니와 경쟁하는 다른 회사들보다 훨씬 낮은 가격으로 정제유를 팔도록 지시했다.

펜실베이니아 철도 회사는 미국에서 가장 컸고, 스콧은 운송업계에서 큰 권력을 쥐고 있었다. 그들은 이전까지 진 적이 없다는 자부심을 품었다. 하지만 그들은 치밀하고도 상대하기 어려운 내 사업 전략에 항복할 수밖에 없었다.

그들은 나와 싸우려고 마지못해 경쟁자들에게 엄청난 할인 혜택을 줬다. 다른 사람에게 서비스를 제공하면서도 돈을 지불한 것이다. 그다음에는 직원을 해고하고 임금을 줄이는 최악의 조치를 취했다.

스콧과 포츠는 이것이 업보로 돌아오리라고는 예상하지 못했다. 성난 노동자들은 불만을 토로하며 유조선과 기관차 수백 대에 불을 질렀다. 스콧과 포츠는 월가 은행에 긴급 대출을 요청해야 했다. 그 결과 펜실베이니아 철도 회사 주주들은 배당금을 받지 못했고 주가는 폭락했다. 나와 전쟁을 치른 대가로 그들 주머니는 텅 비었다.

포츠는 진정한 군인이었다. 삶과 죽음을 가르는 포화 속에서 대령이라는 계급장을 단 그는 존경받을 만한 자격과 불굴의 의지를 갖추고 있었다. 그런 만큼 승패가 결정된 후에도 나와 싸우려 했다.

반면에 군 경력은 물론이고 권위 넘치는 지배자이자 강력한 인물이었던 스콧은 세상이 어떻게 돌아가는지 잘 알았다. 스콧은 오만한 태도를 버리고 평화를 이뤄 정유 사업을 그만두고 싶다는 말을 전하려고 사람을 보냈다.

나는 포츠 대령이 위대한 모세에게 자기 자신을 증명하려 했지만 완벽하게 실패했음을 알고 있었다. 몇 년 후 포츠는 나와 대결하겠다는 욕심을 버리고 내 회사 중 한 곳에서 이사로 열심히 일했다. 아주 눈치 빠르고 유연한 석유 딜러였지!

오만은 대개 몰락으로 이어진다. 스콧과 포츠 일당은 자신들이 누구보다 고귀한 사람이라 여겼고 언제나 오만하게 굴었다. 그래서 나는 이 오만한 당나귀들을 완전히 길들이는 데 성공하고 무척 기뻤다.

아들아, 나는 승리를 좋아하지만 부도덕한 승리는 결코 원하지 않는다. 수단과 방법을 가리지 않는 승리는 진정한 승리가 아니다. 추악한 경쟁 수단은 역겹기까지 하고 이 세상을 감옥으로 만드는 꼴이나 마찬가지야. 설령 한 번은 이기더라도 다시는 이길 기회를 잡지 못할 수도 있다.

준법이란 승리를 바라는 의지를 꺾는 게 아니라 윤리적인 방법으로 확실히 이기는 걸 뜻한다. 그런 제약 아래 공정하게 승리를 추구해야 한다는 말이기도 하지. 너도 그렇게 할 수 있기를 바란다.

너를 사랑하는 아버지가
John Davison Rockefeller

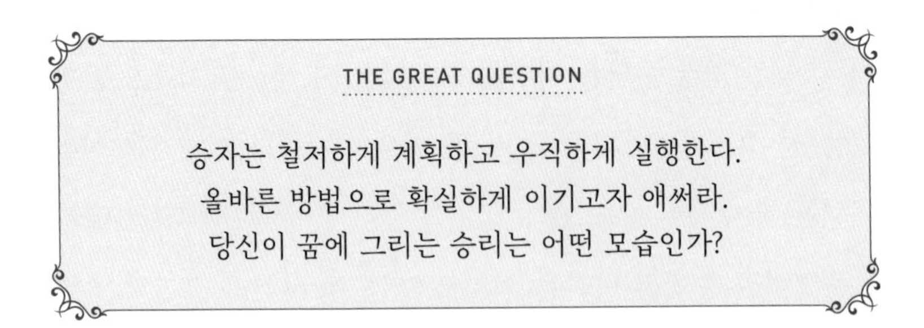

11th Letter

동료와 직원을 최우선으로 여겨라

1925년 9월 19일
사랑하는 아들 존에게

이런 장면을 상상해봐라. 교향악단 지휘자가 관객에게 멋진 공연을 선사할 준비를 마치고는 관객을 향해 고개를 돌리고, 연주자들을 등진 채 혼자 지휘하기 시작했다. 무슨 일이 일어났을까? 바로 그거다! 그야말로 최악의 공연이 되었겠지. 지휘자는 어떤 책임이나 중요성도 생각하지 않았고, 게으름을 피우며 모든 일을 엉망으로 만들었다.

모든 고용주는 교향악단 지휘자와 같다. 고용주는 멋진 연주회에서 지휘하듯 직원들을 격려하고 동원해 많은 돈을 벌고자 애쓴다. 그러나 고용주 대부분이 이 꿈을 이루지 못한다. 직원들을 잘 챙기지 않고 기꺼이 힘쓸 마음까지 빼앗아버리는 어리석은 사령관인 탓이다.

나는 모든 직원이 충성심을 갖고 나를 위해 열심히 일해주길 바란다. 나는 어리석은 고용주들보다 훨씬 똑똑하다. 나는 직원들을 무시하지 않고 진지하게 대한다. 정확히 말하면, 나는 나를 위해 일해주는 직원들을 첫째로 생각한다. 그도 그럴 것이, 부를 쌓는 데 손을 빌려준 직원들을 진심으로 대할 수밖에 없다. 그들의 노력과 희생에 감사할 뿐이다.

더구나 우리가 사는 세상은 온기로 가득 차야 한다. 나는 우리 직원들을 사랑하고 그들을 꾸짖거나 모욕하지 않는다. 몇몇 부자들처럼 직원들 앞에서 횡포를 일삼거나 고집을 부리지도 않는다. 내가 직원들에게 보여주는 건 따뜻함, 평등, 관용이다. 이 모든 요소를 하나로 합친 것이 존중이다.

타인에게 보여주는 존중은 도덕성을 만드는 조건이기도 하지만, 직원들이 열심히 일하게끔 동기를 부여하는 좋은 도구이기도 하다. 나는 스탠더드 오일 컴퍼니 직원 모두가 회사를 위해 최선을 다하도록 이끈다. 사람들을 존중하면 그들의 잠재력을 일깨울 수 있다. 인간 본성에서 가장 기본적인 측면은 존중에 대한 욕구다. 나 역시 검소하게 생활하며 자급자족하는 편이지만, 다른 사람을 아낌없이 돕는다.

대공황 당시 절망에 빠진 친구들을 돕고자 공장과 가족을 구하도록 돈을 빌려주기도 했다. 또 관용이라는 가치를 잘 알기에 빚을 갚으라고 닦달하거나 괴롭히지 않았다. 나는 직원들에게도 똑같이 관대하고 자비로운 사람이다. 그 어떤 석유 회사보다 많은 급여를 줄 뿐만 아니라, 편안한 노후를 보장하는 연금제도도 운영한다. 또 매년 상사와 협의해 연봉을 올릴 기회를 준다. 이런 존중이 직원들의 생활수준을 높일 수 있다는 사실을 안다.

존중은 내 의무다. 나를 위해 일하는 모든 사람이 나를 통해 부자가 되길 바란다. 고용주는 직원의 보호자고, 직원에게 일어난 문제는 고용주의 문제이기도 하다. 내게는 직원의 요구를 무시할지, 들어줄지 선택할 권리가 있다. 나는 들어주는 쪽을 좋아한다. 그리고 직원들에게 필요한 게 무엇인지 알아내고 요구대로 들어주려고 애쓴다.

나는 직원들에게 매번 두 가지 질문을 던진다. “뭐가 필요하십니까?”, “어떻게 도와드릴까요?” 나는 직원들을 돌보고자 이 자리에 있다. 이 직책에서 얻는 가장 큰 기쁨은 직원들을 돕는 것이다. 급여와 보너스가 매력적일지 몰라도, 모든 사람이 돈 때문에 일하지는 않는다. 관심을 기울이면 모두에게 동기를 부여할 수 있다.

모든 사람은 가치 있고 소중하며 존경받을 만한 존재로 여겨지길 바란다. 모두의 이마에는 보이지 않는 팻말이 붙어 있고, 거기에는 이렇게 적혀 있다.

'나를 소중히 여겨주세요!'

직장이나 가정에서 무시당하는 고통은 상상할 수도 없이 크다. 내 목표는 모든 사람이 기분 좋게 직장에 다니도록 만드는 것이다. 그래서 나는 사건을 해결할 단서를 찾는 탐정처럼 직원 개개인이 자랑스러워하는 재능을 찾아낸다. 그들이 가장 잘할 수 있는 일을 알아내면 더 큰 책임과 권리를 준다.

직원들이 열심히 일하도록 동기를 부여하는 데 능숙한 고용주는 자기를 따르는 게 희망차고 유망한 길임을 알려준다. 중요한 업무를 맡기고 관심을 기울이면 직원들이 열심히 일하도록 격려할 수 있다.

친절하고 따뜻하고 사려 깊은 고용주가 되면 직원들은 활기차게 일하며 사기도 높아진다. 때로 직원들에게 감사를 표현하는 일도 아주 유용하다. 5년 전에 받은 보너스를 기억하지는 못해도, 고용주가 건넨 친절한 말은 기억에 남는다. 직원들 역시 주저 없이 감사를 표하겠지. 적절하고 마음에 깊이 와닿는 "감사합니다"라는 말보다 더 영향력 있는 비법은 없다.

나는 직원들 책상 위에 감사하는 말을 적은 메모지를 놓아두길 좋아한다. 1~2분 만에 손으로 쓴 감사 인사는 오래 기억나지 않을지도 모르지만 감사하는 마음은 감동적인 영향력을 미친다. 그들은 오랜 세월이 흐른 후에도 리더가 건넨 따뜻한 격려를 기억하고 소중한 좌우명으로 삼을 수 있다. 단순한 감사 표현일 뿐이지만 엄청난 힘을 발휘하기도 한다.

나는 직원들과 그들이 맡은 업무, 개인적인 문제를 진지하게 받아들인다. 한 사람이 할 수 있는 일에는 한계가 있기에, 내가 직원이 처한 문제를 해결하려고 최선을 다할 때 직원 역시 더욱 열심히 일할 수 있다. 존, 너는 이제 어엿한 리더다. 네 성과는 너뿐 아니라 함께하는 직원들에게서 나온다는 점을 기억해라.

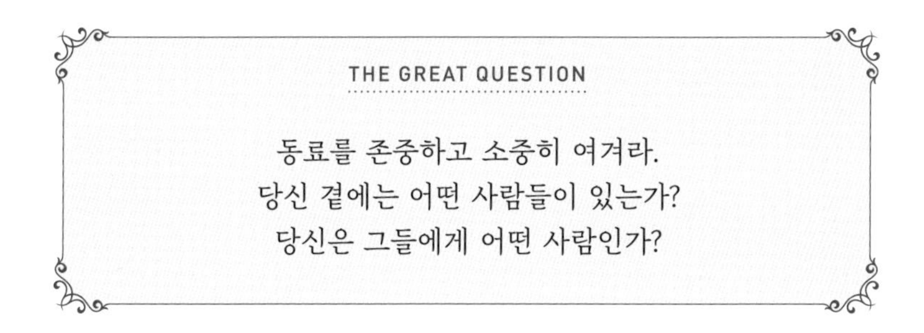
THE GREAT QUESTION

동료를 존중하고 소중히 여겨라.
당신 곁에는 어떤 사람들이 있는가?
당신은 그들에게 어떤 사람인가?

12th Letter

1등이 되려고 애써라

1931년 3월 15일
사랑하는 아들 존에게

"야망이 없는 자는 위업을 이룰 수 없다!"

내 친구인 자동차왕 헨리 포드Henry Ford가 찾아와 성공의 비결이라며 꺼낸 말이다. 나는 미시간에서 온 이 부자를 존경한다. 포드는 끈기 있고 결단력 넘치는 사람이다. 나와 비슷한 일을 겪기도 했지. 포드는 농장에서 견습생으로 일했고, 다른 사람들과 힘을 합쳐 공장을 세웠다. 그리고 기나긴 싸움 끝에 미국에서 가장 큰 부자가 되었다.

포드는 새로운 시대를 연 인물이다. 그 누구도 포드처럼 미국인의 생활 방식을 획기적으로 바꾸지 못했다. 거리에 오가는 자동차들을 보면 근거 없는 칭찬이 아님을 알 것이다. 포드는 엄청난 사치품이었던 자동차를 모두가 누리는 필수품으로 바꿨다. 이 기적은 포드를 억만장자로 만들었고 덕분에 내 재산도 많이 늘었다.

사람에게는 살아가며 이루고 싶은 목표나 야망이 있어야 한다. 그렇지 않으면 방향타 없는 배처럼 표류하며 실망, 실패, 좌절이라는 해변에 다다를 뿐이다. 포드가 품은 야망은 자기 키를 뛰어넘었다. 그는 모든 사람이 자동차를 즐기는 세상을 만들고자 했다.

상상할 수도 없는 일 같았지만 포드는 성공했다. 그는 세계 자동차 시장에서 지배자로 올라섰고 엄청난 수익을 손에 넣었다. 그의 말을 빌리자면 "자동차를 만드는 게 아니라 돈을 찍어내는 꼴"이었다. 두둑한 주머니와 '자동차왕'이라는 명성을 얻었으니 기분이 좋을 수밖에.

포드가 이룬 업적은 '부는 목표에 따른다'라는 내 신조 중 하나를 증명했다. 큰 야망과 목표가 있다면 부로 쌓은 동산은 하늘 높이 솟아오른다. 야망과 목표가 없다면 조그만 쥐잡기 경쟁에 휘말리거나 부를 눈앞에 두고도 푼돈만 쥐게 된다.

포드가 성공하기 전에도 훨씬 강한 자동차 회사가 많았지만 대부분 파산했다. 사람은 목적을 위해 만들어졌다. 사람에게는 성공할 계획 아니면 실패할 계획이 있다. 이는 인생에서 경험한 바다.

내겐 야망이 있었다. 아주 어릴 적부터 세계 최고의 부자가 되기를 꿈꿨다. 그것이 나를 뒤흔드는 야망이자 꿈이었다. 성공하려면 자극이 있어야 한다. 그러니 목표를 크게 잡아라. 큰 목표가 있으면 자극을 받고 온 힘을 다할 수 있다. 흥미를 잃으면 앞으로 나아갈 힘도 사라진다. 작은 계획은 마음을 뒤흔들지 못한다. 그래서 나는 스스로에게 큰 계획을 세우라고 되뇐다.

물론 위대한 계획은 나이아가라폭포처럼 한번에 쏟아지는 게 아니라 한 방울씩 천천히 이뤄진다. 위대한 일과 위대해 보이는 일의 차이는 위대한 일을 꿈꾼다면 매일 애써야 한다는 점이다.

하지만 가난한 소년이 어떻게 위대한 꿈을 현실로 만들 수 있을까? 남을 위해 열심히 일하면 이뤄질까? 어리석은 생각이다. 나 자신을 위해 열심히 일할 때만 부자가 될 수 있다. 남을 위해 열심히 일한다고 성공할 수는 없다.

억만장자가 가득한 맨해튼 57번가로 이사하기 전, 내 곁에서 가장 열심히 일하는 사람들 대부분이 가난하다는 사실을 깨달았다. 현실은 잔인하다. 직원으로 아무리 열심히 일한다 해도 부자가 될 수는 없다. 월급으로 생활하는 직원은 뻔한 기대치 안에서만 움직일 수 있다. 나름대로 많이 벌 수는 있어도 부자가 되기는 어렵다.

나는 항상 "부자가 되려고 열심히 일한다"라는 말이 거짓이라고 생각했다. 남을 위해 일하는 게 부를 쌓기 좋은 방법이라고 여긴 적은 없다.

스스로를 위해 일할 때 비로소 부자가 될 수 있다. 내 모든 행동은 원대한 꿈과 그 꿈을 이루기 위한 목표에 따른다. 학교를 졸업하고 직장을 구할 때는 일류 회사에 가서 일류 직원이 되겠다는 목표를 세웠다. 일류 기업에서 일류다운 경험을 쌓고, 일류다운 능력과 통찰력을 기르고, 일류다운 수입을 올린다면 미래에 사업을 일으킬 자본이 되고 성공으로 가는 길을 빚어낼 견고한 초석이 될 테니 말이다.

물론 대기업에서 일하면 대기업 방식으로 문제를 다루게 된다. 이는 아주 중요하다. 그래서 나는 대기업을 동경하고 그곳에 취업하려 했다. 하지만 이런 믿음은 나를 고통에 빠뜨렸다.

나는 은행과 철도 회사에 지원했지만 슬픔에 잠겨 집으로 돌아갈 수밖에 없었다. 당시 너무 더워서 견디지 못할 지경이었지만 필사적으로 직장을 찾아다녔다.

그 시기에는 일자리를 찾는 게 내 직업이었다. 매일 아침 8시가 되면 최선을 다해 옷을 차려입고 집밖에 나가 면접을 보러 다녔다. 몇 주 내내 목록에 있는 회사들을 찾아다녔지만 일자리를 구하지 못했다. 끔찍하지 않으냐?

하지만 아무도 우리가 가는 길을 막을 수는 없다. 너를 가장 끈질기게 방해하는 사람은 바로 너 자신이다. 포기하지 않고 이어갈 사람도 너 자신뿐이다. 다른 사람에게 꿈을 빼앗기지 않으려면 좌절해서 쓰러지더라도 곧바로 일어나야 한다고 나 자신에게 경고했다. 나는 결코 좌절하거나 낙담하지 않았다. 이어지는 실패는 내 결의를 더욱 단단하게 만들었다. 다시 처음부터 시작해 하나씩 도전했고, 몇몇 회사에서 두세 번 기회를 얻기도 했다.

신은 나를 버리지 않았고 불굴의 구직 여정은 마침내 끝났다. 1855년 9월 26일, 휴잇&터틀 컴퍼니에 취직한 것이다. 이날이 내 미래를 결정했다. 그때 취업하지 못했다면 어떻게 되었을까 생각할 때마다 온몸이 떨린다. 그 직장에서 얻은 게 뭔지, 직장을 잃으면 어떻게 됐을지 알기 때문이다.

나는 평생 9월 26일을 '두 번째 생일'로 기념했다. 이날에는 진짜 생일보다 더 큰 감동을 느낀다. 인간은 목표를 향해 꾸준히 나아가지 않으면 가만히 선 자전거처럼 비틀거리다 넘어진다.

나는 3년 후 보통 사람보다 뛰어난 능력과 자신감을 품고 휴잇&터틀 컴퍼니를 그만뒀다. 그리고 클라크와 함께 클라크&록펠러 컴퍼니를 창업해 나 스스로를 위해 일하는 역사를 써 내려

12 록펠러는 고등학교 졸업 직후 휴잇&터틀 컴퍼니에 경리 직원으로 취업한 뒤 3년 만에 사업체를 차려 농산물 중개업에 진출했다.

가기 시작했다.[12]

바보처럼 열심히 일해도 아무것도 얻지 못할 수 있다. 하지만 상사를 위해 열심히 일하는 게 언젠가 자기만의 일로 나아갈 사다리라고 생각한다면 부를 쌓는 시작점이 된다.

자기 자신의 고용주가 된 기분은 말로 표현할 수 없을 만큼 대단하다. 열여덟 살에 무역 전문가가 되었다는 자부심에 언제까지나 몰입할 수는 없기에 스스로 경고했다.

"내 미래는 지나가는 하루하루에 달렸다. 내 최종 목표는 미국에서 가장 위대한 부자가 되는 것이다. 이제 어디까지 왔을까? 아직 멀었다. 나 자신을 위해 열심히 노력해야 한다."

세계에서 가장 위대한 부자가 되겠다는 목표는 열심히 일하고 스스로를 자극하는 원동력이었다. 지난 수십 년 내내 탁월함을 추구한 나 스스로 동기를 부여하는 문장이 있다.

'내게 2위란 꼴등과 다를 바 없다.'

이 문장을 이해한다면 내가 석유 산업에서 이룬 일이 놀랍지 않다고 여겨질 것이다. 우리는 모두 희망을 가지고 살아가지만, 나는 목표를 이루는 데 더 많은 걸 건다. 내 목표는 '1위'다. 이는 매번 추구하고 지키려 애쓰는 인생 계획이기도 하다.

내 모든 행동과 노력은 목표와 규칙에 충실하다. 신께서 우리에게 똑똑한 두뇌와 강력한 근육을 주신 이유는 패배자가 아니라 위대한 승리자로 세우기 위해서다. 20년 전, 연방 법원은 우리의 행복한 조직을 무너뜨렸지만[13] 내가 이룬 일을 생각하면 아직도 가슴이 뛴다.

위대한 삶은 탁월한 결과를 손에 넣는 과정이다. 우리는 이 목표를 향해 전진해야 한다. 고통을 두려워하지 마라. 이 긴 여정에서 넘어지고 일어서길 반복할 각오를 해야 한다.

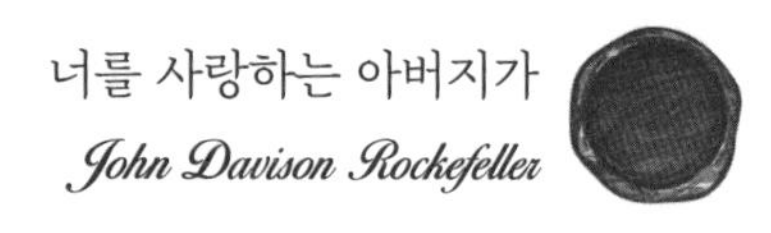

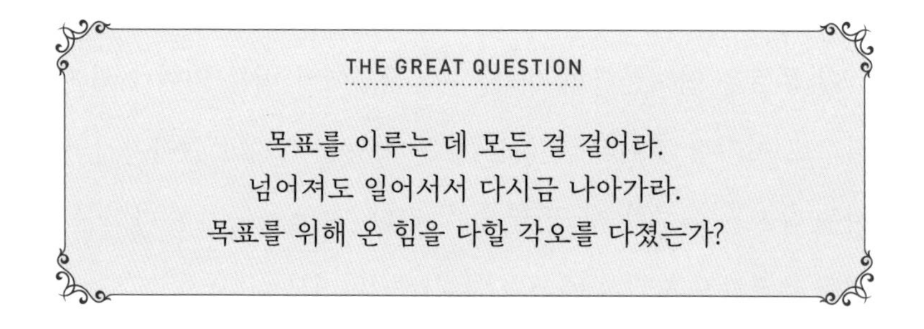

13 1911년 5월 5일 미국 대법원이 스탠더드 오일 트러스트 해체를 명했고, 존 데이비슨 록펠러는 71세로 사업에서 은퇴했다.

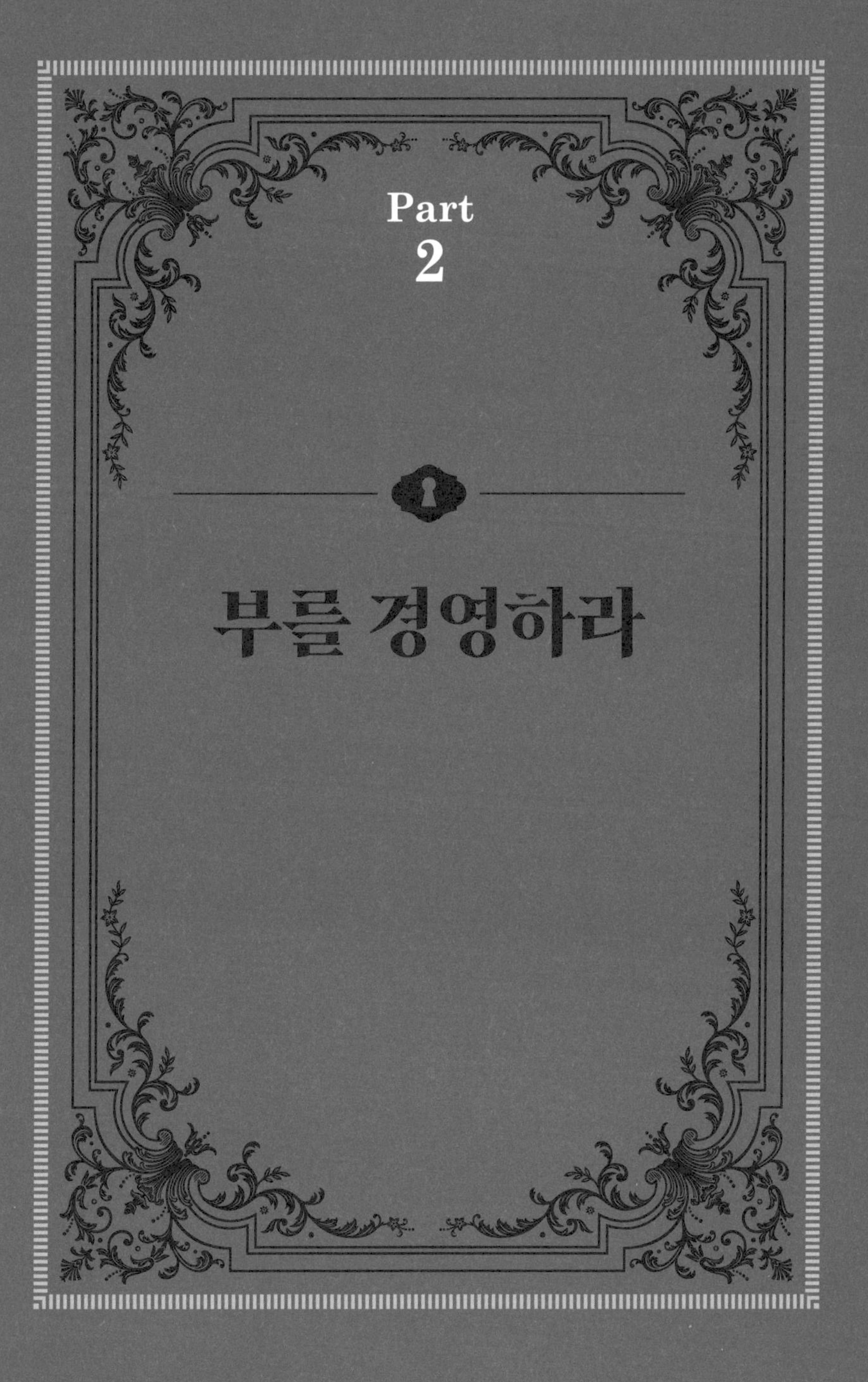

Part 2

부를 경영하라

If your only goal is to become rich,
you will never achieve it.
The only question with wealth is,
what do you do with it.

부자가 되는 게 유일한 꿈이라면
절대로 그 목표를 이룰 수 없다.
부에 대한 질문은 단 하나다.
그 돈으로 무엇을 할 것인가?

—John Davison Rockefeller

13th Letter

삶의 시작점이 종착점을 결정하지는 않는다

1897년 7월 20일
사랑하는 아들 존에게

아들아, 너는 우리가 영원히 함께 항해하길 바라겠지만 내가 끝까지 선장이 돼줄 수는 없다. 신께서는 우리가 스스로 걸을 수 있도록 발을 만들어주셨다. 너는 아직 혼자 떠날 준비가 되지 않았을지 모르지만, 사업이라는 세계가 마법처럼 다가와 도전 정신을 일깨우고 네 삶의 새로운 시작점이 되리라는 사실을 알아야 한다.

너는 사업을 하면서 지금까지 맛보지 못한 삶의 축제를 경험하게 될 테고, 이는 네 미래와도 이어진다. 네 앞에 놓인 나이프와 포크를 어떻게 쓸지, 운명의 천사가 차려준 요리를 어떻게 맛볼

지는 오직 네게 달렸다. 물론 나는 훗날 네가 군중 앞에 우뚝 서고, 나를 뛰어넘길 기대한다. 그렇지만 조금은 유리한 시작점에 세우고 싶어 지금은 너를 내 옆에 두기로 했다. 너는 그 덕에 큰 어려움 없이 더 나은 기회를 빨리 잡을 수 있겠지.

하지만 유리한 시작점에서 출발한다 해도 마지막 순간에 같은 자리에 도달하리라 장담할 수 없다. 부나 가난을 물려받는 건 성공과 실패를 물려받는 일과 다르기 때문이다. 확실한 것은 네가 최선을 다해 일해야 성공할 수 있다는 점이다. 나는 우리 운명이 출신이 아닌 행동에 따라 정해진다고 믿는다.

너도 알다시피 내가 어릴 때 우리 가족은 무척 가난했다. 내가 고등학교 때 읽은 책은 전부 이웃집 거였지. 내가 경리 일을 시작할 때 받은 주급은 고작 5달러였다. 내가 거대한 석유 제국을 세운 건 오직 끊임없는 노력 덕이다. 다른 사람들 눈에는 내가 행운아처럼 보일지도 모르지. 하지만 나는 운명의 신께서 내 강한 인내심과 노력을 보고 내려주신 상이라고 여긴다.

아들아, 기회는 늘 불공평하겠지만 결과는 불공평하지 않다. 오랜 역사에는 어려운 상황에서 정치나 사업을 시작해 성공에 이른 사례가 넘쳐난다. 그들은 가난 탓에 아주 작은 기회를 얻었지만 투쟁을 벌인 끝에 놀랍도록 명예로운 일을 해냈다.

반대로 특권을 누리던 부잣집 자녀가 실패한 사례도 수없이 많다. 매사추세츠에서 부유층 17가구를 연구한 결과에 따르면 그 자녀들도 부자로 남은 사례는 한 건도 없었다.

세상에는 부잣집 자녀들의 무능함을 풍자하는 이야기가 넘쳐난다. 필라델피아에 있는 작은 술집에서 누군가가 어느 백만장자 이야기를 꺼냈지.

"그 사람은 자수성가한 백만장자야."

그러자 옆에 있던 사람이 이렇게 반박했다.

"아뇨, 2,000만 달러를 물려받았는데 100만 달러만 남은 거랍니다."

안타까운 일이지만 오늘날 우리 사회에는 부유한 가정에서 태어났는데도 사람들에게 동정받거나 지옥에 떨어질 운명에 처한 이가 많다.

가문의 번영과 성공이 자녀와 손주의 미래를 보장하는 것은 아니다. 어린 시절부터 특권을 누리면 유리하다는 점은 인정하지만 그게 최후의 승리를 뜻하는 것은 아니다. 나는 부유한 아이들이 겪는 문제를 여러 번 생각해봤다. 아이들이 성공한 가문 덕에 이점을 누리면 생존에 필요한 기술을 배울 기회를 놓치곤 한다. 오히려 조건이 열악한 사람들은 자기 자신을 구해야 한다는 절박함 때문에 창의력과 능력을 적극적으로 계발하려 애쓴다.

나는 부유한 환경에서 자랐음에도 열정이 부족한 아이들과, 가난한 환경에서도 성공하고자 노력하는 아이들을 많이 봐왔다. 그래서 너와 네 형제자매가 아주 어렸을 땐 우리가 잘산다는 사실을 일부러 숨기기도 했지.

너희에게 검소함과 승부욕 같은 가치관을 심어주려 한 건, 누군가에게 해를 끼치는 가장 빠른 방법은 쉽게 돈을 주는 것임을 알기 때문이다. 쉽게 얻은 돈은 사람들을 타락시키고, 교만하게 만들고, 행복의 근원을 잃게 한다. 나는 사랑하는 자식들을 돈의 희생양으로 만들고 싶지 않았다. 부모의 성공에 의존하는 사람으로 키우고 싶지도 않았다.

진정으로 행복한 사람은 스스로 이룬 성과를 즐길 줄 안다. 노력하거나 베풀지 않고 받기만 하는 사람은 눈앞에 놓인 행복도 잡지 못한다. 행복하고 부유한 삶을 원하지 않는 사람은 없겠지만, 그런 삶이 어디에서 비롯되는지 제대로 이해하는 사람은 많지 않을 것이다. 정말로 행복하고 부유한 삶은 고귀한 혈통이나 호화로운 생활이 아니라 당당한 자신감, 즉 독립심에서 나온다. 어디에서든 존경받고 카리스마를 발휘하는 고귀한 사람들을 보면 진정한 독립의 가치가 무엇인지 알 수 있다.

아들아, 나는 네 일거수일투족을 관심 있게 지켜보려 한다. 나는 너를 믿고, 너만의 훌륭한 인격을 믿는다. 세상 모든 부는 멋진 미래를 개척하고, 성공적이며 만족스러운 삶을 일구는 데 도움이 되겠지. 하지만 그것이 시작점에 영향을 미칠 수는 있어도 종착점을 결정하지 않는다는 사실을 명심해야 한다.

능력, 태도, 성격, 야망, 방법론, 경험, 운 같은 요소는 삶과 사업에서 아주 중요한 역할을 한다. 네 삶은 이제 막 시작되었지만, 인생에서 이겨내야 할 진짜 전투가 이 앞에 놓여 있다. 전쟁에서는 승리를 거머쥐겠다는 강한 의지가 있고, 단단한 각오와 준비를 갖춘 자만이 이긴다는 사실을 알아야 한다.

아들아, 특권을 누리면서도 자기만의 힘을 키우지 못한 사람들은 기회를 낭비할 뿐이고, 교육을 받았으면서도 교훈을 얻지 못한 사람들은 쓸모없는 쓰레기일 뿐이다. 너 자신만의 길을 찾아라. 신께서 너를 도우실 것이다!

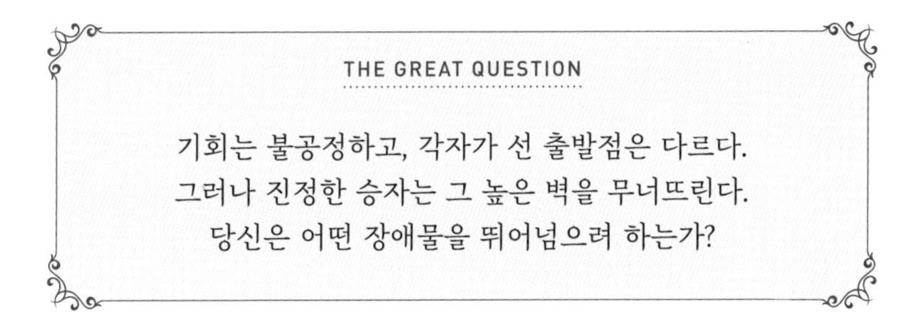

14th Letter

미래를 위해
위험을 감수하라

1899년 4월 18일
사랑하는 아들 존에게

내 돈으로 주식에 투자하는 게 왜 너를 불안하게 만드는지 안다. 너는 물론 이기고 싶을 테니 그 모험의 세계에서 지는 게 두려울 것이다. 게다가 잘못 투자해서 잃는 돈은 네 돈이 아니라 이자를 더해 갚아야 할 돈이니 말이다.

억제하기 힘든 이 감정은 창업 초부터 나를 지배한 듯하다. 어느 정도 자리를 잡은 후에도 돈을 빌릴 때마다 신중함과 도전 정신 사이에서 고민했고, 매일 밤 침대에 누워서까지 빚 갚을 방법을 생각하느라 잠 못 드는 날이 많았다.

흔히 위험을 감수하는 사람들이 실패하기 쉽다고 하지. 그런데 왜 얼간이들에겐 이 말이 통하지 않을까? 실패에 대한 두려움을 겪은 후에도 나는 항상 정신을 차리고 일어나 다시 돈을 빌리기로 결심했다. 사실 한 발 더 나아가려면 은행에서 돈을 빌리는 길 외에는 대안이 없었지.

아들아, 우리에게 찾아오는 위험은 때론 어려운 문제를 창의적으로 해결할 좋은 기회가 된다. 돈을 빌리는 건 절대 나쁜 일이 아니고, 그 탓에 파산하지도 않을 거다. 위기가 닥친 순간 구명튜브처럼 적절하게 대출을 활용한다면 그 돈을 활용해 기회를 만들 수 있다. 그렇지 않으면 두려움과 실패라는 수렁에 빠질 테고 큰 성취를 이루지도, 성공을 맛보지도 못할 거다.

내가 아는 부호 중 조금씩 부를 쌓아 지금 같은 위치에 오른 사람은 거의 없다. 많은 사람이 빌린 돈을 지렛대 삼아 더 큰돈을 번다. 그 이유는 단순하다. 1달러보다는 100달러로 거래하는 편이 훨씬 큰 수익을 볼 수밖에 없기 때문이지.

부를 얻기 위해서든, 인생에서 이기기 위해서든, 경쟁하는 과정에서 생각해야 할 점은 졌을 때 뭘 잃을지가 아니라 승자가 되려면 뭘 해야 하는가다.

돈을 빌리는 건 행운을 만드는 길이다. 땅을 담보로 잡고 더 넓은 지역을 독점하는 데 필요한 현금을 빌릴 수 있다면 나는 주저

없이 그 기회를 잡을 것이다. 나는 클리블랜드에 있을 때 정유 업계 확장 부문에서 최고로 좋은 자리를 차지했다. 당시 많은 빚을 졌고 사업체를 저당잡히기까지 했지만 결국 성공했고 커다란 업적을 남길 수 있었다.

아들아, 인생이란 끊임없이 저당잡히는 과정이다. 우리는 미래를 위해 젊음을 저당잡히고, 행복을 위해 삶을 저당잡힌다. 최종 결과에 용기 있게 다가가지 않으면 결국 패배하고 만다. 성공하기 위해서라면 어느 정도 위험을 감수하는 편이 낫지 않을까?

담보대출을 논하자면, 은행가에게 큰돈을 빌리는 순간 내 사업은 물론 신용까지 저당잡히는 셈이다. 나는 약속과 계약을 신성하게 여겨 계약 사항을 엄격히 지켰고 채무를 반드시 청산했다. 나는 투자자, 은행가, 경쟁사는 물론 모든 고객을 성실하게 대한다. 그들과 사안을 논할 때, 나는 항상 진실을 말해야 한다고 생각한다. 거짓말은 언젠가 드러나리라고 굳게 믿으므로 절대 일을 꾸며내거나 모호하게 말하지 않는다.

정직함에는 커다란 보상이 따르게 마련이다. 클리블랜드를 떠나기 전, 내 성격을 아는 은행가들은 벗어나기 어려운 수많은 위기를 맞을 때마다 나를 구해주었다.

어느 날 정유 공장에 불이 나 막대한 피해를 본 일이 생생히 떠오른다. 보험사는 보험료를 지불할 수 없었고 회사를 재건하려면 큰돈이 필요했다. 나는 은행에 추가 대출을 요청해야 했다. 지금도 그 순간을 생각하니 심장이 뛴다. 안목이 부족한 은행가들 눈에 정유 산업은 고위험 산업이었다. 그러니 이 업계에 자금을 대는 건 도박이나 다름없다고 여겨졌을 것이다. 게다가 내 정유 공장은 방금 막 불탔기에 일부 은행은 추가 대출을 망설였다. 그런데 스틸먼 씨가 직원에게 금고를 가져오라고 말했다. 그러자 다른 이사들도 금고를 가져왔다.

"여러분, 록펠러 씨와 동업자들은 아주 뛰어난 분들입니다. 더 많은 돈을 주저 없이 빌려주셔도 좋습니다. 좀 더 안심하고 싶다면 가능한 만큼만 내주세요."

나는 정직함으로 은행가들을 설득했다. 아들아, 정직함은 방법이자 전략이다. 나는 지금까지 지켜온 정직함 덕에 은행가와 많은 사람에게 신뢰를 얻었다. 그 덕에 어려운 시기를 수없이 견뎌내고 성공으로 향하는 고속도로에 들어설 수 있었다. 이제 더 이상 은행을 이용할 필요가 없을 만큼 성장했지만, 나를 많이 도와준 은행가들에게 항상 감사한다.

네 미래는 사업체 경영으로 이어질 수 있다. 사업을 운영하는 것은 돈을 벌기 위해서라는 사실을 명심해야 한다. 사업을 확장하면 돈을 더 벌 수 있지만, 회사를 담보로 내놓는 건 돈 관리와 사용에서 아주 중요한 문제다. 한 가지 요소에만 집중하고 다른 요소를 무시하면 실패하게 된다. 많은 기회를 놓칠 수도 있고, 최악의 경우 재정 붕괴까지도 초래한다.

돈을 관리하고 쓴다는 건 돈을 벌겠다는 결심과는 다른 신념이 필요한 일이야. 돈을 관리하고 잘 쓰려면 단순히 관리와 전략을 논하는 게 아니라, 스스로 숫자를 다루겠다는 의지를 가져야 한다. 신께서는 언제나 사소한 일에 찾아오신다.

만약 네가 사소한 일을 소홀히 하거나 다른 사람에게 맡긴다면 네가 사업에서 짊어져야 할 책임 중 절반을 등한시하는 셈이다. 사소한 일이 열정에 가려져서는 안 된다.

아들아, 너는 네가 늘 목표로 삼았던 위대한 삶을 향해 나아가고 있으니 용감하고도 꾸준해야 한다.

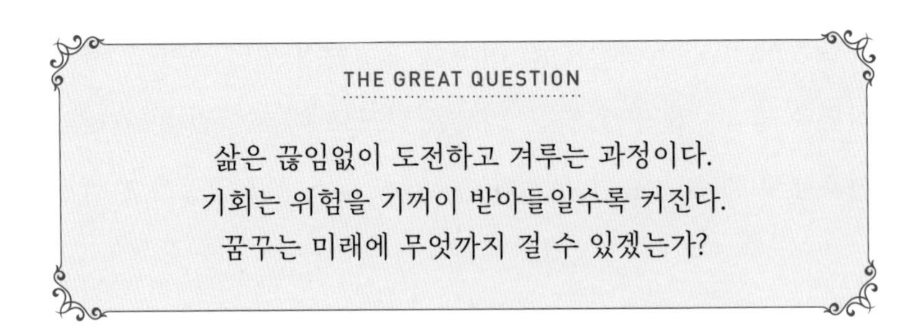

15th Letter

무시할 수 없는 가치를 내세워라

1901년 2월 27일
사랑하는 아들 존에게

오늘 밤 중개인 헨리 프릭을 만나 이렇게 말했다.
"제 아들이 모건 씨에게 말씀드렸다시피, 저는 유나이티드 마이닝 컴퍼니를 서둘러 매각할 생각이 없습니다. 물론 가치 있는 사업을 시작하지 못하게 막지는 않겠습니다. 하지만 거들먹거리는 바이어들이 벌이는 일에는 단호하게 반대합니다. 바이어들이 우리를 배제하고 거래하지 못하게 가격을 다시 정할 겁니다. 그런 식으로 사업하느니 끝까지 싸우겠습니다."
헨리 프릭에게는 모건에게 가서 이 가격에 팔지 않겠다 전해달라고 부탁했다. 네가 모건을 싫어하긴 하지만 상대할 수밖에 없다.[01] 융통성 없는 사람이 제 고집대로 일하는 게 얼마나 나쁜 결과를 불러오는지 알려주마. 많은 사람이 똑같은 실수를 저지른다. 그들은 자기가 무슨 일을 하는지도 모른다. 사장이든 직원이든, 어떤 산업에 종사하든, 모두 똑같은 일을 한다. 바로 사람을 상대하는 일이다.

협상은 더더욱 그렇다. 전쟁을 벌일 상대는 시장이나 산업이 아니라 상대편에 있는 사람이다. 그러니 승리를 거두려면 나 자신과 상대방을 제대로 이해해야 한다. 이는 게임을 준비하는 과정일 뿐이다. 너를 알고 적을 알아라. 그리고 이득을 얻고 싶다면 꼭 알아둬야 할 점이 있다.

첫째, 전반적인 환경을 파악해라. 시장 흐름은 어떤지, 업계 상황은 어떤지 알아야 한다.

둘째, 자신의 자원을 파악해라. 자기 강점과 약점이 뭔지, 지금 어떤 자본을 보유하고 있는지 살펴봐라.

셋째, 상대의 자원을 파악해라. 상대의 자원, 강점과 약점은 무엇인지 살펴봐라. 모든 싸움에서 원대한 전략을 세우는 데 꼭 필요

01 록펠러는 1901년 철강 산업에 진출한 은행가 J. P. 모건에게 광산과 증기선을 매각해 막대한 이익을 얻었다.

한 정보는 상대의 강점이다.

넷째, 목표를 세우고 태도를 다잡아라. 태양의 신 아폴론은 아주 짧은 격언을 남겼다.

'너 자신을 알라!'

자기가 지금 뭘 하고 있는지, 어떤 목표를 세웠는지 알아야 한다. 더불어 그 목표를 이루겠다는 결연한 의지가 필요하다. 나는 큰 싸움에서 이겼지만, 여전히 내 정신과 태도를 바로잡고 강점과 약점을 살펴보곤 한다. 아들아, 이 말을 기억해라. 할 수 있다고 믿는 밝은 태도가 성공을 불러온다.

다섯째, 상대의 목표와 태도를 파악해라. 상대가 원하는 목표가 무엇인지 들여다봐라. 상대방의 마음을 꿰뚫고 생각과 감정을 이해하려 애쓰는 과정도 중요하다. 상대의 행동을 예측하고 이해하는 건 마지막 단계다. 가장 어렵지. 하지만 해내려고 애써야 한다.

위대한 장군들에게는 비슷한 습관이 있었다. 그들은 상대의 성격과 습관을 이해하고, 행동과 생각을 파악하려 최선을 다했다. 마찬가지로 그 어떤 경쟁에서든 상대방을 이해하면 움직임을 예측하고 적절하게 대응할 수 있다. 미리 준비한 조치는 뒤늦은 대응보다 훨씬 효과적이고 강력하다. 예방이 치료보다 낫다는 속담도 있지 않으냐.

때로는 경쟁자가 나보다 강하고 똑똑할지 모른다. 그렇다면 그 힘을 역이용해야 한다. 상대가 아주 신중한 사람이라면 조심하는 게 좋고, 매번 충동에 따라 움직인다면 대담하게 행동하는 게 낫다. 제대로 알고 대응하지 않으면 궁지에 몰릴 수 있다.

그렇다고 상대를 이해하겠다며 매번 깊이 알아볼 수는 없는 노릇이다. 협상하는 자리에서 사소한 부분을 잘 살펴보면 쓸모 있는 정보를 찾아낼 수 있다. 협상에 능숙한 사람이라면 그 자리에 있는 모든 정보를 찾아낼 줄 알아야 한다. 말은 생각을 드러내기도, 감추기도 하지만 말끝에 내리는 선택은 항상 내면의 비밀을 드러낸다.

협상하는 자리에서는 자기가 말하는 내용을 잘 이해해야 한다. 일을 능숙하게 처리한다면 자기가 하는 말을 통제하고 이익을 취할 수 있다. 마찬가지로 상대가 보내는 신호를 잘 포착하려면 경계를 늦추지 말아야 한다. 그러면 확실하게 유리한 위치를 점할 수 있다. 반대로 그러지 못하면 또 다른 소중한 기회를 잃게 된다.

협상에서 한 번 패배하면 다음 협상에서 이길 확률도 줄어든다. 거래에서 이기는 비결은 거래할 수 있는 것과 없는 것을 구분하는 일이다.

모건은 우리를 보잘것없는 장사꾼 취급하지만 우리는 이 바닥에서 끝까지 버텨야 한다. 여기에는 논쟁할 여지가 없다. 모건은 결국 우리에게 좋은 가격을 제시할 수밖에 없다. 하지만 사업을 할 때는 한 푼도 남김없이 쓸어 담으려 하지 말고, 다른 사람들이 가져갈 돈도 남겨둬야 한다.

너도 알다시피 우리는 이 거래가 큰 이익을 가져오리라 믿는다. 그래서 기꺼이 이 거래를 이어간다. 이는 명백한 사실이다. 하지만 돈에만 집착하면서 좁은 관점에 사로잡혀선 곤란하다. 우리에겐 더 큰 목표가 있다.

소위 말하는 '똑똑한 사람들'은 기업의 목적이 거래 그 자체가 아니라 최저가에 사는 것이라고 생각한다. 이번에 모건이 우리에게 제시한 가격은 실제 가치보다 100만 달러나 싸다. 모건이 매번 이런 거래를 원한다면 미국에서 철강 산업에 올라탈 사다리를 잃게 될 거다.

거래의 본질은 교환가치다. 다른 사람이 원하는 물건을 가져와 내가 원하는 물건과 바꾼다. 멋진 거래를 성사시키려면 우리 물건의 가치를 강조해야 한다. 그런데 사람들은 매번 가치보다 가격을 강조하는 실수를 저지른다. 이렇게 떠들면서 말이다.

"이 물건은 정말 저렴해요. 이런 가격은 어디에도 없을걸요."

물론 싸게 살 수 있는데 굳이 비싼 돈을 내려는 사람은 없다. 하지만 사람들은 최저 가격보다 최고 가치를 원한다. 그러니 무시할 수 없는 가치를 무기로 삼아라.

모건과 협상할 때 가격을 먼저 얘기하면 안 된다. 소중한 가치를 내세우고 모건이 뭘 살 수 있는지 강조해라. 나는 사람들이 노력한다면 세상이 바뀌어 더 좋은 시대가 오리라 믿는다. 우리 모두의 승리를 기원하며.

너를 사랑하는 아버지가
John Davison Rockefeller

THE GREAT QUESTION

싸움에서 이기려면 자신을 알고 상대를 알아야 한다.
당신이 가진 자원과 무기는 무엇인가?
그 힘을 어떻게 발휘할 생각인가?

16th Letter

인내심이 곧 전략이다

1902년 9월 2일
사랑하는 아들 존에게

나를 믿고 은행 이사회에서 물러나줘서 고맙다. 네가 왜 그랬는지 안다. 동료들이 하는 짓을 더는 지켜볼 수 없었겠지. 그렇다고 굴복할 수도 없고 말이다. 하지만 네 결정이 옳은지는 아직 모른다. 이유는 간단하다. 만약 너 스스로 이사직을 지키기로 했다면 더 많은 걸 이뤘을 테니 말이다. 복종은 생각을 막는 적이자 자유를 빼앗는 감옥이다.

하지만 야망을 품은 사람은 때론 고개를 숙이고 인내심을 발휘할 줄 알아야 한다. 이는 검증된 전략이다. 과거를 떠올려보면 나는 수없이 인내했고 그 덕에 많은 걸 얻었다. 사업 초기에는 자금이 부족해 동업자 클라크가 가드너라는 투자자를 데려왔다. 그에게 투자받으면 충분한 자금으로 하고 싶은 것을 할 수 있었다. 하지만 가드너를 데려온 일은 내게 큰 굴욕감을 줬다.

가드너는 우리 회사에 투자하는 대신 회사 이름을 클라크&록펠러 컴퍼니에서 클라크&가드너 컴퍼니로 바꾸자고 했다. 그럴듯한 이유도 있었다. 가드너는 잘 알려진 명문가 출신이었기에 그 이름을 내세우면 더 많은 고객을 끌어들일 수 있었다.

이것이 내 자존심을 건드렸다. 나 역시 역할과 능력이 있는 창업자인데, 가드너는 자기 몫만 챙기려 했다. 가드너가 명문가 자제라는 이유로 내 지위를 뺏을 수는 없었다.

하지만 나는 꾹 참았고 스스로에게 속삭였다. 나 자신을 통제하고 침착해야 한다고 말이다. 우리 사업은 시작에 불과했고 아직 갈 길이 멀었다! 나는 아무렇지 않은 체하며 이렇게 말했다.

"그런 것쯤이야 아무것도 아니죠."

물론 거짓말이었다. 자존감에 상처를 입고 불의에 고통받았는데, 어떻게 관대할 수 있을까? 하지만 나는 감정을 억누르고 이성을 발휘해 마음속에서 타오르는 분노를 잠재웠다. 그래야 이득임을 알았기 때문이다.

인내란 무턱대고 참는 게 아니다. 상황을 냉정히 살펴보고 내가 내리는 결정이 목표를 비껴가거나 해를 끼치지 않을지 생각해야 한다. 여기서 클라크에게 화를 낸다면 사업가로서 부끄러울 뿐만 아니라, 협력 관계에 금이 가고 회사에서 쫓겨나 처음부터 다시 시작하게 될 수도 있었다. 반대로 제안을 받아들여 단결하면 힘을 합쳐 우리 사업을 더 확장하고, 내 영향력과 이익도 키울 수 있었다. 나는 어떤 길을 택해야 하는지 잘 알고 있었다.

그 후에도 지칠 줄 모르고 열정을 다해 일했다. 3년째 되는 해, 마침내 가드너를 쫓아내고 클라크&록펠러 컴퍼니를 다시 세웠다. 사람들은 나를 '록펠러 씨'라 부르며 존경했고, 나는 큰 부자가 되었다.

인내란 분노를 삼키는 것도, 겸손하게 구는 것도 아니다. 인내는 전략이며 인격을 단련하는 일이기도 하다. 또 인내심은 경쟁력을 키운다. 이는 클라크와 힘을 합치면서 배운 진리다. 나는 평등을 존중하고 높은 곳에서 명령하기를 꺼린다.

그러나 클라크는 매번 내 앞에서 위선을 떨었다. 그는 나를 존중하지 않고 금세 나가떨어질 사무원 정도로 여겼다. 게다가 내가 장부와 자금 관리밖에 할 줄 모른다며 모욕하기도 했다. 자기가 없으면 나도 별 쓸모가 없다면서 말이다. 적나라한 도발이었지만 나는 아무것도 들리지 않는 척했다. 나 자신을 존중하는 게 무엇보다 중요하다는 사실을 알았지만, 마음속에서는 클라크와 전쟁을 치렀다. 그리고 나 자신에게 여러 번 말했다. 언젠가 내 영향력이 클라크를 능가하면, 그 낯짝에 주먹을 날리듯 통쾌한 승리를 맛보리라.

알다시피 클라크&록펠러 컴퍼니는 역사 속으로 사라졌다. 록펠러, 앤드루스&플래글러 컴퍼니Rockefeller, Andrews&Flagler가 그 자리를 대신했고 나는 억만장자로 향하는 급행열차에 탔다. 다른 사람들이 견디지 못하는 고난을 견뎌야만 그들이 할 수 없는 일을 해낼 수 있다. 충동은 최악의 적이다. 인내심을 발휘해 갈등을 막는다면 그 노력에는 큰 가치가 따른다. 반면 고집부리며 혼자서 나아간다면 위기를 극복하지 못하고 더 큰 재앙을 불러오게 된다.

앤드루스Samuel Andrews[02]도 이 진리를 모르는 듯했다. 그는 사업 감각이 없는 독불장군이었다. 위대한 사업가가 되겠다는 야망이 없고 잘못된 편견만 있었다. 그러니 나와 부딪칠 수밖에.

우리가 헤어진 계기는 주주 배당금 문제였다. 그해 우리는 좋은 성과를 거둬 큰돈을 벌었다. 하지만 나는 그 돈을 주주들에게 전부 나눠줄 생각이 없었고, 수익금 절반을 회사 운영에 투자하

02 화학자이자 발명가로 록펠러, 헨리 플래글러와 협업해 훗날 스탠더드 오일 컴퍼니의 전신이 되는 록펠러, 앤드루스&플래글러 컴퍼니를 세웠다.

고 싶었다. 하지만 앤드루스는 단호하게 반대하며 돈을 나눠달라고 했다. 아예 사업을 관두겠다며 협박하기도 했다.

회사가 더 커질 수 있는데 길목을 막는 꼴을 용납할 수 없었기에 가지고 있는 주식을 얼마에 팔겠느냐고 물었다. 앤드루스는 100만 달러를 달라고 했다. 다음 날 나는 앤드루스의 주식을 몽땅 샀다. 그는 돈을 받고 잔뜩 흥분해서는 자기가 대박을 쳤다며 좋아했다. 주식 가치가 100만 달러보다 낮다고 생각했으니 말이다.

하지만 100만 달러에 판 주식이 곧장 30만 달러나 오르리라고는 생각하지 못했다. 앤드루스는 그 소식을 듣고 내가 비열한 사기꾼이라고 떠들었다. 고작 30만 달러 때문에 불명예스러운 평판이 퍼지지 않도록 사람을 보내 돈을 더 주겠다고 했다. 하지만 잔뜩 짜증이 난 앤드루스는 거부했다.

사실 앤드루스가 마다한 건 미국 제일의 부자가 될 기회였다. 당시에도 100만 달러나 되었던 주식을 지금까지 갖고 있었다면 수백만 달러를 거머쥔 부자가 되었을 터다. 하지만 앤드루스는 한순간 충동에 휘둘려 다시는 오지 않을 일생일대의 기회를 놓쳤다.

아들아, 세상에는 인내심을 요구하는 사람과 물건이 너무 많고, 자꾸만 우리를 유혹한다. 그러니 감정을 관리하고 통제하는 능력을 길러라. 결정을 내릴 때 감정에 휘둘리지 말고 필요에 따라 움직여야 한다.

매 순간 자신이 원하는 게 뭔지 똑똑히 알아둬라. 이 세계에서는 싸울 기회조차 매번 주어지지 않으니 성공하고 싶다면 주어진 기회를 파악하고 지켜야 한다. 또 다른 사람의 기회를 잡으려고 애써야 한다. 인내심을 가져야 행복과 기회, 성공을 얻는다는 사실을 기억해라.

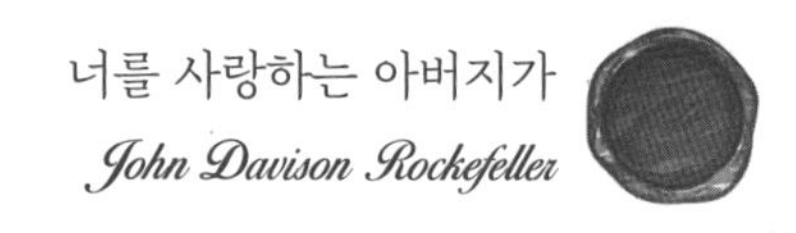

너를 사랑하는 아버지가
John Davison Rockefeller

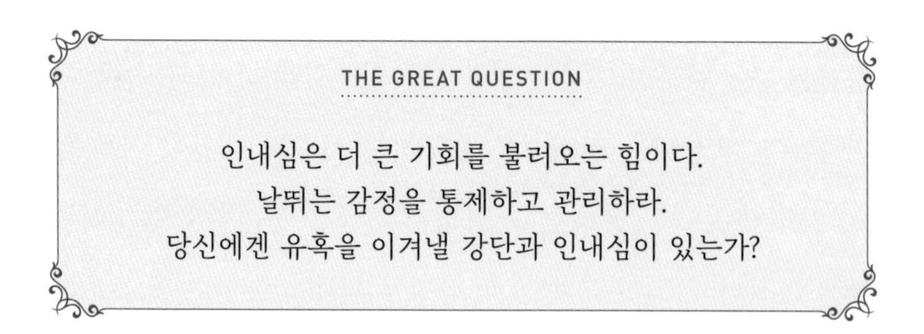

THE GREAT QUESTION

인내심은 더 큰 기회를 불러오는 힘이다.
날뛰는 감정을 통제하고 관리하라.
당신에겐 유혹을 이겨낼 강단과 인내심이 있는가?

17th Letter

언제나 전략적으로 생각해라

1904년 10월 14일
사랑하는 아들 존에게

해밀턴 박사는 날로 살찌고 있다. 골프로 허리둘레를 줄일 순 없겠지. 다른 운동을 해야 할 거다. 안타깝게도 그렇게 좋은 운동은 아직 발명되지 않았다. 해밀턴 박사는 무거운 몸 때문에 고생하면서도 유쾌한 이야기로 사람들을 즐겁게 해준다. 오늘은 그가 어부와 낚시꾼 이야기로 모두를 웃겼지. 그는 우리를 웃긴 게 아주 뿌듯했던 모양이다. 해밀턴 박사가 내게 물었다.

"록펠러 씨, 어부가 되고 싶습니까, 아니면 낚시꾼이 되고 싶습니까?"

나는 낚시꾼이 되면 그와 함께 골프를 치러 다닐 수 없을지도 모른다고 답했다. 물론 나는 물고기를 잡으면서도 큰돈을 벌고자 사업 전략에 힘쓰겠지만, 낚시꾼의 방식으로는 성공을 보장할 수 없으니 말이다. 물론 어떤 낚시꾼도 무작정 낚싯줄을 던지고 큰 물고기가 잡힐 때까지 기다리지는 않겠지. 어떤 물고기를 잡을지, 어떤 미끼를 쓸지, 낚싯줄을 어디에 던질지 생각하고 계획하지 않는 어리석은 낚시꾼은 없으니 말이다.

낚시꾼이 뭘 어떻게 하든, 결과가 어떨지는 아무도 모른다. 물고기를 잡는 데 오래 걸릴 수도 있고, 한 마리도 못 잡을 수도 있다. 처음에 노린 물고기를 영영 못 잡을지도 모른다. 목표가 명확하더라도 자기 방법에만 집착하면 낚싯줄이 닿는 곳 밖으로는 나가지 못한다. 성공할 가능성이 제한되는 셈이다.

그러나 어부처럼 그물을 던진다면 범위가 넓어지고 그 안에 들어가는 물고기도 다양해져 선택의 폭이 넓어진다. 결국 원하는 물고기를 잡겠지. 나는 단순한 방법 하나로만 문제를 대하는 고집불통 낚시꾼이 아니다. 나는 가장 큰 이익을 거둘 때까지 다양한 전략을 쓴다. 해밀턴 박사와 골프 친구들은 모두 웃으며 내가 돈 버는 비결을 술술 털어놓는다고 말했다.

존, 무슨 일을 하든 완벽한 아이디어를 찾으려면 많은 아이디어를 생각해내야 한다. 결정을 내리기 전에 새롭고 효과적인 방법을 찾고 다양한 가능성을 고려해라. 여러 전략을 시도한 다음 제일 좋은 전략에 집중해라. 이것이 매번 바라는 대로 커다란 물고기를 잡는 비결이다.

물론 계획에 따라 움직이는 과정에서도 상황에 맞춰 전략을 조정하고 수정해야 한다. 그래야 계획대로 흘러가지 않더라도 당황하지 않고 차분하게 대응할 수 있다.

사람들은 내가 효율성과 행동력 넘치는 리더라고 생각한다. 내가 그런 리더라면 너도 똑같은 칭찬을 받을 수 있다. 하지만 단순하고 뻔한 해결책을 찾으려는 충동은 다스려야 한다. 목표를 이루고자 다양한 방법을 시도하고 어려움 앞에서도 행동할 인내심, 용기, 수완은 물론이고 절대 멈추지 않는 끈기를 갖춰야 한다.

단순히 전략만 떠올리는 기획자는 별 도움이 안 된다. 나는 사장으로서 직원들에게 명확한 방향이나 전략을 제안할 뿐, 경직된 실행 계획에 얽매이지 않으려고 애쓴다. 반대로 목표를 위해 활용할 만한 여러 전략을 살펴본다.

많은 사람이 성공의 열쇠는 탄탄한 계획이고, 계획에는 명확하며 현실성 있고 실용적인 실행 목표가 뒷받침되어야 한다고 주장한다. 물론 탄탄한 계획이 중요하다는 점은 인정하지만, 여기에는 치명적인 문제가 있다. 이런 계획은 미리 설정한 판단 기준과 결과를 강조한다. 사람들은 고정된 방법이야말로 목표를 이루는 데 도움이 된다고 믿지. 그러나 이런 계획은 목표를 이룰 수 있다고 여겨지는 특정 전략을 따르므로 일을 시작하기도 전에 행동 범위를 제한한다.

처음에 계획을 세울 때는 완벽해 보일지 몰라도, 계획대로 움직이기 전에 상황이 달라질 수도 있다. 시장 상황과 고객이 변하고, 계획을 뒷받침하는 요소도 변하기 때문이다.

바뀐 상황 탓에 비용과 시간과 노동력이 많이 든다면 기존 계획을 따를 수 없다. 이런 상황에 어떻게 대처해야 할까? 회사를 위한 계획이든, 부서를 위한 계획이든 가장 중요한 점은 '계획'이 아니라 '목표'임을 떠올려야 한다. 전략의 본질은 유연성, 시간, 다면성, 규모다. 목표는 수익의 성장이나 확대 같은 결과를 강조한다. 전략은 목표로 가는 방향을 제시한다.

뛰어난 리더는 단순히 수단을 생각하는 설계자가 아니라 전략을 다루는 책사가 되어야 한다. 세워놓은 계획에 사로잡히지 말고, 목표를 바라보되 유연성을 발휘해야 한다. 목표를 따라가는 집중력을 발휘해라. 그러면 매일, 매 순간마다 목표를 이루는 데 도움이 되는 새로운 전략을 짤 수 있다. 우리는 저 멀리에 있는 목표로 다가가면서 고작 몇 가지 방법만 고려하지 않는다. 동료나 직원과 이야기하면서 이익을 낼 기회를 잡아라.

위기라는 폭풍우에서 벗어나려면 기존 계획을 조정하면서 끊임없이 새로운 전략을 세워야 한다. 매일 바뀌는 사업 환경에 대응하는 동시에 변화에 따라 장기 계획도 수정해야 한다. 그래야 단기간에 유연성을 발휘하고 장기적으로는 최신 경제 상황에 걸맞은 목표를 따라갈 수 있다. 낡은 전략은 선반 위에 올려놓고 에너지와 희망으로 가득 찬 새로운 환경으로 나아가라. 상황이 아무리 나쁘더라도 희망을 찾고자 눈을 크게 떠라. 희망은 언제 어디에나 있으니 포기해선 안 된다.

리더에게는 자기 자신뿐만 아니라 직원들을 보다 넓은 길로 이끌 의무가 있다. 인생에서 가장 큰 절망감을 느낀 때가 언제였는지 생각해봐라. 갈 곳이 없고 선택의 여지가 없다고 느낀 순간이 아니냐? 막다른 길에 갇힌 듯 느껴지고 탈출구를 찾을 수 없는 순간 말이다.

절망을 극복하는 방법은 단 하나, 장애물을 극복할 가능성을 꾸준히 만들어내는 일이다. 희망은 다른 길이 있다는 믿음에서 나온다. 뛰어난 리더는 어떤 상황에든 대처할 능력, 새로운 시장에 뛰어들 계획, 위기에 대처하는 요령, 자신과 직원의 경력 개발을 위한 설계도를 갖고 있다. 최악의 상황에 처해 회복하기 어렵더라도, 상대에게 제압당해 빠져나오기 힘들더라도 용감한 레슬러처럼 역전할 기회를 포기하지 않는다. 재능과 유연성, 적응력과 지혜를 발휘해 틈새를 찾아 위기에서 벗어난다.

리더는 탈출구를 만들어야만 한다. 창의력을 발휘하면 끝없는 피로와 좌절, 고통에서 벗어날 수 있다. 절망에 이르러서도 희망을 붙잡는다면 스스로 설정한 한계를 뛰어넘어 직원들에게 새로운 선택지를 건넬 수 있다. 그러니 우리는 선택의 여지가 없을 때도 길을 찾을 수 있다는 용기를 가져야 한다.

너를 사랑하는 아버지가
John Davison Rockefeller

THE GREAT QUESTION

아무도 찾지 못한 새로운 길을 열어라.
연구실에서 설계도만 그리는 학자가 될 것인가,
전장에 뛰어들어 활로를 찾는 책사가 될 것인가?

18th Letter

가난에
무릎 꿇지 마라

1906년 7월 26일
사랑하는 아들 존에게

의심과 교만 탓에 비극이 벌어지곤 한다. 가난에 순응하는 사람들도 마찬가지다. 몇 년 전 5번가 교회에 갔다가 정원사로 일하며 비참하게 사는 핸슨이라는 젊은이를 만났다. 그는 가난을 견디는 게 미덕이라고 여겼는지도 모르겠다. 핸슨은 고상한 표정으로 내게 말했다.

"록펠러 씨, '돈은 만악의 근원'이라는 말씀을 아시는지요? 성경에 나오는 말입니다."

나는 이 순간 그가 가난한 이유를 깨달았다. 핸슨은 잘못 이해한 성경 구절을 인생의 교훈으로 삼고는 그 사실을 깨닫지 못했다. 나는 불쌍한 젊은이가 늪에 빠져드는 꼴을 두고 볼 수 없어 이렇게 말했다.

"젊은이, 나는 어릴 때부터 여러 말씀을 들었고 행동 강령으로 삼았다네. 자네도 그런가 보군. 하지만 내 기억력이 자네보다 나은 모양이지. 그 문장 사이에는 이런 말이 붙어 있다네. 돈을 '사랑하는 마음'은 만악의 근원이라고."

"뭐라고요?"

핸슨의 입은 고래도 삼킬 정도로 크게 벌어졌다. 나는 그가 벌린 입만큼이나 돈을 욕심냈으면 했다. 그래서 핸슨의 어깨를 두드리며 말했다.

"그렇다네, 젊은이. 성경은 인류의 존엄성과 사랑에 뿌리를 두지. 우주에서 가장 높은 영혼께서 내려주신 존경스러운 말씀이라네. 자네는 두려움 없이 그 말씀을 되뇌고 삶을 맡길 수도 있어. 그러나 성경 말씀을 빌려 올 때는 왜곡 없이 '직접' 빌려야 하네. 돈을 '사랑하는 마음'은 만악의 근원이라고. 돈은 수단일 뿐, 목적이 될 순 없지. 하지만 돈이라는 수단 없이는 목적을 이룰 수도 없어. 다시 말해 돈을 사랑해서 돈밖에 모르는 사람은 비참한 인간이고, 이때 돈은 만악의 근원이지. 하지만 젊은이, 생각해보게. 돈이 있으면 가족과 친구를 돕고, 그들에게 행복하고 편안한 삶을 선물하고, 사회를 이롭게 하고, 힘없고 가난한 사람들을 구할 수 있다네. 그렇다면 돈은 행복의 근원이 되어주지. 젊은이, 자네가 지금 손에 쥔 돈 한 푼에는 미래를 바꿀 힘이 있어. 그런 식으로 돈을 의심해서는 이 강력한 힘을 못 쓰게 돼. 돈이 있으면 힘이 생기니 부자가 되는 데 시간을 쓰게. 뉴욕은 부자가 될 기회로 가득해. 우리 모두 부자가 돼야 하고, 부자가 될 수 있어. 젊은이, 비록 우리는 이 세상에 잠깐 스쳐 가는 사람일지도 모르지만, 그럼에도 삶이라는 빛을 발해야 한다는 사실을 기억하게."

햇슨이 충고를 받아들였는지는 모르겠다. 생각을 바꾸지 않았다면 유감이야. 그 친구는 아주 강해 보였고 바보 같지 않았으니 말이다. 나는 항상 모든 사람이 부자가 되고자 애써야 한다고 생각했다. 물론 돈보다 가치 있는 일도 있다. 그 사실을 알기에 낙엽으로 뒤덮인 무덤을 보면 슬퍼지지. 특히 깊은 고통을 겪어본 사람은 금보다 달콤하고 고귀하며 신성한 가치가 있음을 안다.

하지만 가만히 생각해보면 돈으로 안 되는 일도 없다. 돈이 전부는 아니지만, 이 세상에는 돈과 떼려야 뗄 수 없는 일이 많지 않으냐! 사랑은 신께서 우리에게 주신 가장 위대한 가치지만 돈이 많은 연인은 더욱 행복하다. 돈에는 그런 힘이 있다! 누군가 "나는 돈을 원치 않는다"라고 말한다면, 이렇게 외치는 것과 마찬가지다.

“나는 가족, 친구, 다른 이를 돕고 싶지 않다!”

터무니없는 말로 들릴 수도 있겠지만, 이 두 문장의 관계를 부정하는 것도 터무니없는 일이다! 나는 돈의 힘을 믿으며 모든 사람이 당연히 돈을 벌어야 한다고 믿는다.

그러나 어떤 사람들은 신을 따르는 가난한 백성이 되는 게 최고의 영광이라고 믿는다. 그래서 종교는 강한 편견을 퍼뜨리곤 한다. 한 모임에서 어떤 남자가 기도하는 내용을 들었다. 자기가 신을 따르는 가난한 백성이라는 사실에 깊이 감사한다고 하더구나. 나는 속으로 ‘이 사람 아내가 이 말을 들으면 어떻게 생각할까?’라고 생각할 수밖에 없었다. 과연 어떨까? 분명 결혼을 잘못했다고 여길 거다. 나는 다시는 ‘가난한 백성’을 만나고 싶지 않고, 신께서도 자기 백성이 가난하길 원치 않으실 거다!

부자가 돼야 할 사람이 가난 탓에 약하고 무능해진다면 엄청난 실수를 저지른 꼴이다! 이런 사람은 자기 자신에게 충실하지 못한 데다 가족까지 괴롭히고 있다.

벌어들인 돈이 성공의 기준이라고 할 수는 없지만, 큰돈을 쓸수록 사회에 더 크게 이바지할 수 있다. 수입이 많을수록 더 많은 사람을 도울 수 있다. 나는 수많은 사람이 잘살도록 도왔고, 그 사실이 자랑스럽다.

나는 신께서 악마가 아니라 백성을 위해 다이아몬드를 만드셨다고 믿는다. 신께서 우리에게 내리신 유일한 경고는 신을 거역하면서 돈을 벌거나 뭔가 얻을 수는 없다는 점이다. 돈이 우리 목줄을 쥐게 두지 말고 적절한 방법으로 돈을 번다면, 얼마든지 큰돈을 벌어도 좋다. 어떤 사람들은 돈을 이해하지 못한 탓에 가난하다. 그들은 돈이 차갑고 딱딱하다고 생각한다. 돈은 사실 부드럽고 따뜻하다. 기분이 좋아지게 하고, 색과 광택도 우리가 입는 옷과 잘 어울린다.

현재는 과거의 신념으로 빚어낸 결과다. 세상 사람들이 가난 탓에 고통받는다고 느꼈을 때, 내게는 확고한 신념이 생겼다. 나는 부자가 되어야 했다. 가난 앞에 무릎 꿇을 수는 없었다. 이 신념은 시간이 흐르면서 강철처럼 단단해졌다.

내가 어렸을 때는 금을 우러러보는 게 당연했다. 금광 탐사자 수만 명이 부자가 되겠다는 꿈을 안고 캘리포니아로 몰려들었지. 나중에는 골드러시가 함정에 불과하다는 사실이 밝혀졌지만 말이다. 열 살을 겨우 넘긴 꼬마였던 나는 물론, 수백만 명이 부를 열망했다. 그때 우리 가족은 가난했고 친절한 사람들에게 도움을 구해야 했다. 어머니는 자존심이 아주 강한 분이었다. 내가 장남으로서 책임감을 갖고 가정을 꾸려나가길 바라셨지. 어머니의 바람과 가르침은 내 평생 변치 않을 책임감을 키워주었다.

나는 가난에 무릎 꿇는 대신 큰돈을 벌고 부를 쌓아 가족의 운명을 바꾸겠다고 다짐했다! 젊은 시절 부자가 되겠다는 꿈을 꿀 때, 돈은 그저 우리 가족이 걱정 없이 풍요롭게 살아가도록 돕는 도구가 아니었다. 남들에게 베푸는 돈은 도덕적 존엄성과 사회적 지위로 이어지기에, 언제나 현명하게 소비해야 한다. 돈을 조금씩 이해하면서 부자가 될 수 있다는 믿음도 강해졌다. 이 믿음은 부를 좇을 투지를 줬다.

아들아, 그저 더 큰 부를 위해 돈을 버는 사람만큼 불쌍하고 끔찍한 존재는 없다. 나는 돈 버는 법을 깨달았다. 돈의 노예가 되지 말고, 돈을 하인으로 삼아라. 이게 내가 쓴 방법이다.

너를 사랑하는 아버지가
John Davison Rockefeller

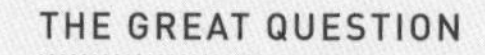

돈을 하인으로 삼고, 부자가 되려고 애써라.
그 힘으로 어떤 일을 할 수 있는지 똑똑히 보라.
돈의 노예로 전락할 것인가, 주인으로 군림할 것인가?

19th Letter

부는 근면함에 뒤따른다

1907년 1월 25일
사랑하는 아들 존에게

네게 편지를 받아서 기쁘다. 편지 내용 중 마음에 드는 문장이 두 줄 있었다.

'승자가 되지 않는다면 스스로를 거역하는 셈이다.'

'근면함에 고귀함이 뒤따른다.'

이 두 문장은 내 인생의 좌우명이기도 하다. 너무 거창한 소리처럼 들리지 않는다면, 이 문장이야말로 삶의 지침이라고 말하고 싶다.

내가 일군 막대한 부를 이야기할 때, 악의에 찬 언론은 종종 나를 재능 넘치는 돈벌이 기계에 빗대곤 한다. 그들은 내가 어떤 사람인지 모르는 데다 역사를 보는 통찰력도 모자라다.

이민자로서 희망을 품고 열심히 일하는 건 우리 본성이다. 내가 어렸을 때 어머니께서는 검소함, 독립성, 근면함, 신뢰성, 멈추지 않는 기업가 정신이라는 미덕을 뼛속 깊이 심어주셨지. 나는 이런 덕목을 진심으로 믿으며 성공 신조로 여겼다. 이 위대한 신념은 오늘날까지 내 핏속에 흐른다. 그리고 이 모든 게 부의 산맥에서 정상까지 올라서는 데 필요한 사다리가 되어주었다.

남북전쟁은 국민의 삶과 운명을 바꾸었을 뿐만 아니라 내게도 큰 변화를 가져왔다. 솔직히 말해, 남북전쟁은 내가 사업이라는 세계에서 경이로운 거물로 다시 태어나게 했다. 그래, 남북전쟁은 사람들에게 전례 없는 사업을 펼칠 기회를 줬다. 나 역시 그 덕에 일찌감치 부자가 될 수 있었다. 이는 기회를 잡으려는 경쟁에서 이길 수 있는 자본이 되었다. 스스로 돈을 벌 수 있게 된 뒤에도 말이다.

하지만 기회는 시간만큼 평등하다. 많은 사람이 기회를 놓치고 가난하게 살아가는 동안 나는 어떻게 엄청난 부자가 될 기회를 잡았을까? 나를 비난하는 사람들이 쏟아내는 말처럼 내가 욕심이 많아서일까?

틀렸다! 기회는 열심히 일하는 사람에게만 주어진다. 나는 어렸을 때 부는 누구에게나 찾아오는 노력의 산물이라는 성공 법칙을 믿었다. 각 목표는 부지런하게 생각하고 행동할 때 이뤄지며, 부라는 꿈을 실현하는 길도 마찬가지다.

'근면함에 고귀함이 뒤따른다'라는 문구는 내가 영원히 가슴에 새길 좌우명이다. 과거든 현재든, 우리가 사는 북미든 먼 동쪽이든 높은 지위와 존엄, 영광과 부를 누리는 사람들은 끝없이 넓은 가슴과 강한 팔의 소유자다. 인내심과 강인한 의지로 가득한 그들은 이런 자질과 부를 바탕으로 경력을 쌓고, 존경받고, 불굴의 인물로 거듭난다.

아들아, 끝없이 변하는 이 세상에는 영원한 귀족도, 영원한 빈민도 없다. 알다시피 나는 어렸을 때 집이 너무 가난해서 누더기를 걸쳤고, 자비심 있는 사람들에게 기대야 했다. 그러나 오늘날 나는 엄청난 부의 제국을 세웠고, 자선단체에 막대한 돈을 기부했다.

세상에 수만 가지 변화가 일어났다 사라지듯, 인생의 굴곡도 끊임없이 변한다. 볼품없고 가난한 집안에서 태어난 사람도 끈질기게 노력하고 도전하며 지혜를 발휘한다면 명성과 성공을 거머쥐고 새로운 귀족으로 거듭날 수 있다.

존엄과 명예는 스스로 얻어야 꾸준히 이어진다. 그러나 오늘날 우리 사회에서 부잣집 자녀들은 전진하지도 후퇴하지도 못하는 경우가 많다. 불행히도 그들 중 많은 이가 진취적인 정신이 부족하고 여가와 방탕에 빠지기 쉬운 탓에 부유한 환경에서 자랐음에도 가난하게 죽는다.

그러니 너는 네 아이들에게도 이 사실을 가르쳐야 한다. 자기 자신을 완성하고, 목표를 이루고, 성공하는 기쁨을 누리고, 사회에서 존경받고, 잘 살았다고 칭찬받으려면 자기 손으로 삶을 일궈야 한다. 또 용기를 내 탐구하는 자만이 명예의 면류관을 쓸 수 있고, 근면함은 남이 아닌 자기 자신을 위한 태도이며, 근면함으로 가장 큰 수혜를 입는 사람도 바로 자신임을 깨닫게 해야 한다.

나는 어릴 때부터 노력 없이는 결실도 이익도 얻을 수 없다고 굳게 믿었다. 가난한 집 자식으로 성공과 부, 존엄을 얻으려면 열심히 일하는 수밖에 없었다.

나는 학교에 다닐 때 공부를 잘하는 학생은 아니었지만 뒤처지고 싶지 않았기에 부지런히 숙제를 했다. 열 살 때는 나무를 베고, 젖을 짜고, 물을 긷고, 농사를 지으며 할 수 있는 한 많은 일을 해야 한다는 사실을 알았다. 그래서 내가 맡은 모든 일에 노력을 아끼지 않았다. 시골에서 보낸 고된 시절이 내 의지를 다지고 사업하는 어려움을 견디게 했다. 또 인내심과 강한 자신감을 길러주었다.

내가 앞으로 더 크게 성공하고 숱한 역경을 이겨낼 비결은 어릴 때부터 쌓아온 자신감이다. 근면함은 사람의 자질과 능력을 키울 수 있다.

휴잇&터틀 컴퍼니에서 일할 때, 나는 아주 젊은데도 뛰어난 능력을 갖춘 경리라는 평가를 받았다. 그 시절 나는 해와 달을 보며 밤낮으로 일했다. 당시 고용주는 내가 남다른 인내심을 갖추었으니 반드시 성공하리라고 말했지. 미래가 어떻게 될지는 모르지만, 나는 온 마음으로 시도하면 절대 실패하지 않는다는 사실을 믿는다.

내가 일흔이 다 돼가는 나이에도 여전히 사업이라는 세계에서 싸우는 이유는 아무것도 하지 않는 건 인생을 끝내는 가장 빠른 길임을 알기 때문이다. 누구에게나 은퇴를 새로운 시작으로 삼을 권리가 있다.

삶을 보는 안일한 태도는 사람들에게 독이 된다. 나는 항상 은퇴란 새로운 시작이라 생각한다. 인생의 진정한 의미를 알기에 단 하루도 싸움을 멈추지 않았다.

아들아, 오늘날 내가 쌓은 엄청난 부는 남들보다 훨씬 많은 노력과 창의력을 쏟아부은 결과일 뿐이다. 나는 원래 평범한 사람이었다. 하지만 강한 인내심과 끈기 있는 태도, 근면함으로 성공을 이뤘다. 내 명성은 거짓 이름이 아니라 피와 땀으로 빚은 왕관이다. 내게 향하는 미묘한 질투와 천박한 무지 따위는 부당할 뿐이다. 우리가 쌓은 부는 노력에 따른 보상이다.

아들아, 신념을 굳건히 다져라. 목표를 확인하고 신의 뜻을 믿으며 계속 노력해나가자.

너를 사랑하는 아버지가
John Davison Rockefeller

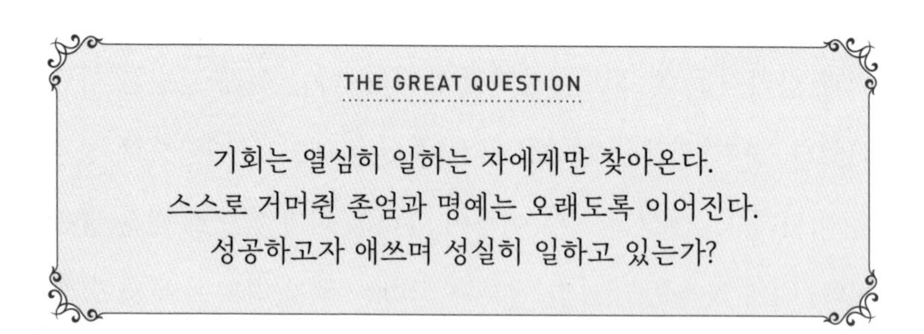

THE GREAT QUESTION

기회는 열심히 일하는 자에게만 찾아온다.
스스로 거머쥔 존엄과 명예는 오래도록 이어진다.
성공하고자 애쓰며 성실히 일하고 있는가?

20th Letter

큰 부에는 큰 책임이 따른다

1907년 11월 20일
사랑하는 아들 존에게

국가에 재난을 불러온 금융 위기가 지나가니 기쁘구나! 시어도어 루스벨트 대통령은 이 사태 앞에 놀라울 정도로 무능한 모습을 보여줬지만, 이제는 루이지애나에서 안심하고 사냥할 수 있겠지. 물론 대통령이 아무것도 하지 않은 건 아니다. 루스벨트는 '걱정'으로 월가를 도왔으니 말이다.

맙소사! 우리 국민은 눈이 먼 탓에 그런 뉴요커를 백악관으로 보냈다. 솔직히 말해 시어도어 루스벨트라는 이름과 그자가 스탠더드 오일 컴퍼니에 한 짓을 생각하면 화가 치밀어 오른다. 루스벨트는 내가 본 인물 중 가장 편협하고 복수심에 찬 악당이다.

그래, 그 악당은 결국 성공했다. 권력을 손에 쥐고 스스로 시작한 불공정한 경쟁에서 승자가 되었어. 연방 법원은 미국 역사상 전례가 없는 어마어마한 벌금을 부과하고 회사를 해산하라고 명령했다.[03]

이 비열한 자가 우리에게 무슨 짓을 했는지 봐라! 물론 나는 이 보복이 결국 실패하리라고, 우리 회사가 무사히 살아남으리라고 믿는다. 그러면 그자는 크게 실망하겠지.

우리에겐 뛰어난 경영진과 충분한 자금이 있고, 어떤 위험과 공격에든 저항할 수 있다. 우리의 부는 그 건강한 본체에서 나온다. 잠시 기다려라! 우리가 다시 일어설 때가 올 테니.

하지만 우리는 상처를 입고 부당한 대우를 받았다. 시어도어 루스벨트는 우리가 엄청난 재산을 가진 악당이라고 비난했다. 판사는 우리가 도둑이라는 듯, 우리 재산이 사람들을 약탈한 결과라는 듯 모욕했다. 틀렸다! 그 멍청이들은 기업이 어떻게 태어나는지 모르고, 알려고 들지도 않는다.

우리가 가진 동전 한 푼에도 깊은 지혜가 담겨 있다. 우리는 한

03 미국 정부는 1890년에 반독점법을 제정하고 석유, 철강, 철도 등 대규모 기업들을 압박했다. 시어도어 루스벨트는 1901년부터 집권하며 반독점법에 큰 힘을 실었다.

걸음 나아갈 때마다 많은 땀을 흘렸고, 인생을 바쳐 회사의 초석을 세웠다. 그러나 그들은 이런 말을 듣지 않았다. 편견과 멍청한 판단만 믿고 우리 사업을 모욕했다. 게다가 우리가 가장 저렴하고 품질 좋은 등유로 미국을 밝힌다는 사실조차 무시하지. 그들은 우리가 건넨 화해 제안을 거부했다. 시어도어 루스벨트는 큰 이익을 얻을 때까지 손에 든 칼을 휘두를 거다.

하지만 나는 양심에 따르므로 두렵지 않다. 시어도어 루스벨트가 권력을 휘둘러 훌륭하고 행복한 우리 가족을 갈라놓는다면 그야말로 최악의 결과겠지만, 행복은 계속 이어지고 명예도 빛바래지 않을 것이다.

미래가 모든 걸 증명할 거다. 루스벨트 행정부가 우리를 전례없이 박해하고 있지만 감정에 휘둘려 분노를 터뜨리며 양심을 뒷전에 둬서는 안 된다. 우리는 위기 앞에 방관해선 안 된다. 양심에 어긋나고 부끄러운 행동을 해선 안 된다. 우리는 앞으로 나서야 한다. 우리는 미국 시민이기에 국가와 다른 시민을 재난에서 구할 의무가 있다.

나는 부자로서 큰 부에 큰 책임이 따른다는 사실을 알고, 인류를 이롭게 한다는 사명감을 품었다. 금융 위기가 월가를 휩쓸면서 공포에 빠진 사람들이 은행에서 돈을 찾으려고 줄을 서는 바람에 큰 소동이 일어났다.

미국 경제가 다시금 대공황에 빠질 위기가 닥치자, 나는 미국이 자금 부족과 자신감 부족이라는 두 가지 위기에 빠졌음을 눈치챘다. '돈가방 씨'가 움직일 수밖에 없었지. 나는 멜빌 스톤Melville Elijah Stone Sr.[04]에게 전화를 걸어 AP통신을 통해 미국 국민에게 내 말을 전해달라고 부탁했다.

"우리나라는 결코 신용이 불안하지 않으며, 금융계 학자들도 목숨을 걸고 이를 보장합니다. 필요하다면 제가 유가증권 절반을 써서 국가가 신용을 지키도록 도울 겁니다. 금융 대지진은 일어나지 않을 테니 믿어주십시오."

다행히 위기는 지나갔고 월가는 곤경에서 벗어났다. '록펠러는 자신의 목소리와 막대한 돈으로 월가를 도왔다!'라는 〈월스트리트저널〉의 평처럼 나는 그 순간에 내가 할 일을 했다.

다만 공황을 극복하는 과정에서 가장 많은 돈을 낸 사람이 나라는 사실은 절대 알리지 않을 셈이다. 나는 이 사실이 자랑스럽다. 월가는 신용 붕괴 위기에서 살아남았다. 모건 회장이 아주 탁월한 역할을 한 덕이다. 그는 이 전쟁을 끝낸 총사령관이다. 모건 회장은 위기에 대처하고자 사업계 인사를 한데 모아 남다른 금융

04 미국의 기업가로 1893년부터 1921년까지 AP통신 대표직을 역임하며 세계에서 가장 강력한 통신사로 길러냈다.

감각을 발휘했다.

시어도어 루스벨트가 무능한 탓에 실패한 일을 모건 회장이 대신했으니 미국 국민과 월가는 그에게 더욱 감사해야 한다. 오늘날 많은 사람과 신문이 관대한 영웅을 칭찬하지만 그런 말은 내게 아무 쓸모도 없다. 평온한 마음과 양심만이 의미 있는 보상이다.

국가 위기 상황에서 우리는 각자 역할을 다하고 용기를 가져야 한다. 진심으로 도움의 손길을 내민 사람들도 나와 마찬가지일 터다. 우리는 자기 자신의 힘과 믿음, 충성심으로 조국을 빛내고자 할 뿐이다.

물론 내게도 부끄러운 역사가 있다. 46년 전, 수많은 젊은이가 조국의 부름에 따라 노예해방과 미국 통일을 위해 전선에 나가 싸웠다. 나는 막 회사를 차린 가장으로서 가족을 먹여 살려야 했기에 참전하지 않았다. 그럴듯한 이유일지도 모르지만, 나라는 나를 원했고 우리는 피를 흘려야 했다. 이 기억은 항상 내 양심을 찔렀다.

10년 전 경제 위기가 닥치고 나서야 구원받을 기회를 얻었다. 연방 정부는 금 보유량을 보장하지 못했고 워싱턴은 모건 회장에게 도움을 요청했다. 하지만 모건 회장 역시 아무것도 할 수 없었다. 금융 공황을 진정시키고자 정부에 막대한 보조금을 지급한 이는 바로 나였다.

나는 이 일에서 돈을 버는 것보다 더 큰 행복을 느꼈다. 하지만 나는 스스로를 구세주라 생각하지 않았고, 허세를 부리지도 않았다. 돈 때문에 허세를 떠는 사람은 바보들뿐이다.

나는 시민으로서 큰 부를 쌓았고, 거기에 따른 막중한 책임이 있음을 알았다. 막대한 부보다 더 고귀한 가치는 조국에 봉사하는 일이다. 존, 우리에겐 돈이 있지만 어떤 경우에도 마음대로 써서는 안 된다. 우리 돈은 인류를 위한 가치를 만드는 데만 쓰여야 한다. 이기적인 자들에게 조금이라도 이익을 넘겨선 안 된다.

물론 우리는 이제 공화당 선거운동에 기부하지 않을 것이다. 시어도어 루스벨트가 우리에게 상처를 줬으니 말이다. 명성과 미덕은 영혼을 꾸미는 장식이다. 겉보기에 아무리 아름다워도, 명성과 미덕이 없다면 아름답다고 여겨선 안 된다.

너를 사랑하는 아버지가
John Davison Rockefeller

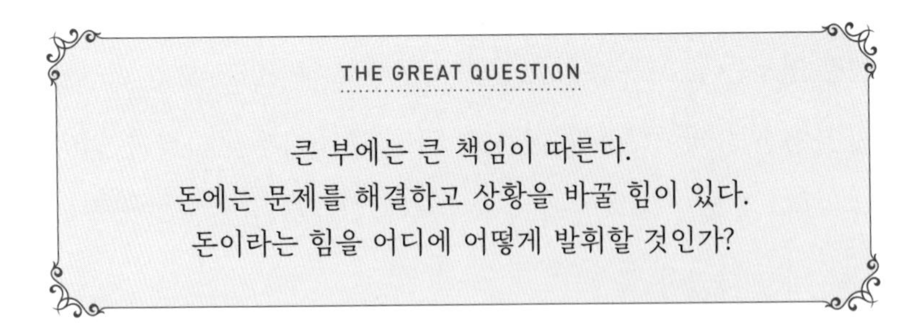
THE GREAT QUESTION

큰 부에는 큰 책임이 따른다.
돈에는 문제를 해결하고 상황을 바꿀 힘이 있다.
돈이라는 힘을 어디에 어떻게 발휘할 것인가?

21st Letter

세상에 공짜 점심은 없다

1911년 3월 17일
사랑하는 아들 존에게

내가 충분히 기부하지 않는다면서 인색하다고 비난하는 뉴스를 봤다. 하지만 그건 아무것도 아니다. 나는 나를 모르는 기자들에게 숱하게 비난받았고, 그들의 무지와 가혹함에 익숙해졌다. 내가 그들에게 대응하는 방법은 단 하나, 그들이 뻔한 말로 아무리 비판하더라도 침묵을 지키고 당당하게 행동하는 것이다. 나는 내가 무슨 생각을 하는지 알기에, 스스로가 옳은 편에 섰다고 굳게 믿는다.

모든 사람은 자기만의 길을 가야 한다. 투명한 양심을 갖는 게 중요하다. 개인적인 문제를 해결하려고 돈을 달라는 사람들에게 관심을 기울이지 않는 이유를 설명할 만한 일화가 있다. 이 이야기는 돈을 베푸는 게 버는 것보다 더 긴장되는 이유를 설명해줄 것이다.

돼지 몇 마리를 기르는 농부가 있었다. 어느 날 농부가 문을 닫는 걸 잊어버리는 바람에 돼지들이 농장에서 빠져나갔다. 이로부터 몇 세대가 지나자 돼지들은 점점 사나워졌고, 행인을 위협할 정도가 되었다. 몇몇 노련한 사냥꾼이 이 소식을 듣고 사람들을 위해 돼지를 잡겠다고 했다. 그러나 이 돼지들은 아주 교활해서 결코 속임수에 넘어가지 않았다.

아들아, 돼지들이 독립하면 강인하고 똑똑해진다.

어느 날, 한 노인이 나무와 곡식을 잔뜩 실은 당나귀 수레를 몰고 '멧돼지'가 출몰하는 마을에 들어섰다. 호기심 많은 사람이 노인에게 다가와 물었다.
"어디에서 오셨어요? 여기서 뭘 하실 건가요?"
그러자 노인은 "멧돼지 잡는 걸 도와드리죠"라고 답했다. 마을 사람들은 노인의 말을 듣고 웃어넘겼다.

"농담하시기는. 어르신이 어떻게 훌륭한 사냥꾼들도 못 한 일을 해낼 수 있겠어요?"

하지만 두 달 후, 노인이 마을에 돌아와 사람들에게 멧돼지들을 산꼭대기 울타리에 가둬놨다고 했다. 사람들은 깜짝 놀랄 수밖에 없었다.

"믿을 수가 없군요. 대체 어떻게 잡으신 거죠?"

노인은 이렇게 말했다.

"먼저 멧돼지가 자주 나타나는 곳에 가서 공터 한가운데 먹이를 놔뒀죠. 돼지들은 처음에는 의심했지만, 결국 호기심을 참지 못하고 냄새를 맡았습니다. 그러다 늙은 멧돼지가 먹이를 베어 물었고 다른 멧돼지들도 뒤따랐습니다. 그때 이 멧돼지들을 잡을 수 있겠다고 생각했습니다."

사람들은 여전히 의심하는 표정을 지었다. 노인이 말을 이었다.

"이튿날에는 먹이를 좀 더 놔두고 몇 미터 떨어진 곳에 널빤지 하나를 세웠습니다. 멧돼지들은 잠시 긴장한 듯했지만 공짜 점심의 유혹에 빠졌고, 곧 달려와 먹이를 먹었습니다. 그때 멧돼지들은 제 손에 잡힐 줄 몰랐겠죠. 그다음에는 울타리가 완성될 때까지 매일 먹이 주변에 널빤지를 몇 개씩 더 세웠을 뿐입니다. 그런 다음 구덩이를 파고 첫 번째 말뚝을 세웠습니다. 뭔가를 더할 때마다 돼지들은 한동안 떨어져 있다가도 공짜 점심을 먹으러 다가왔습니다. 마침내 울타리와 문까지 완성되었고, 공짜로 뭔가를 얻는 습관은 돼지들이 망설임 없이 울타리 안으로 들어가게 했죠. 그렇게 해서 공짜 점심을 즐기던 돼지들은 쉽게 잡히고 말았습니다."

사람들은 그제야 감탄하며 고개를 끄덕였다.

이 이야기가 주는 교훈은 간단하다. 동물이 먹이를 받아먹는 순간, 그들은 지혜를 빼앗기고 곤경에 처한다. 인간도 마찬가지야. 만약 누군가를 절름발이로 만들고 싶다면 목발 한 쌍을 쥐여주고 목표가 저절로 이뤄질 때까지 몇 달만 기다리면 된다.

즉 누군가에게 얼마간 공짜 점심을 주면 그 사람은 아무것도 하지 않고 뭔가 얻으려 한다. 모든 사람은 어머니 배 속에서 '보살핌'받길 바란다는 사실을 잊지 마라.

그래, 나는 항상 네게 다른 사람들을 도우라고 격려한다. 내가 늘 말했듯 누군가에게 물고기를 주면 그날 하루를 도울 수 있지만, 낚시하는 법을 알려주면 평생 도와주는 셈이다. 이 옛말은 아주 의미심장하다.

나는 기부가 잘못된 방식이라고 생각한다. 기부는 사람들에게서 검소하고 부지런한 태도를 빼앗고, 게으르고 무책임하게 만들기도 한다. 더욱 중요한 점은 네가 누군가에게 자선을 베푼다면 상대의 존엄성을 부정하는 셈이라는 사실이다. 네가 그 존엄성을 부정한다면 그에게 주어진 운명을 빼앗는 셈이고, 이는 아주 부도덕한 짓이지.

나는 부자이기에 인류의 공익을 위할 책임이 있다. 하지만 게으른 사람이 되도록 부추기는 앞잡이가 될 수는 없다. 어떤 사람이 습관을 발전시키면 그 습관이 좋든 나쁘든 거기에 지배당하게 된다. 공짜 점심을 얻어먹는 습관은 발전하는 데 전혀 도움이 되지 않고 승리할 기회를 빼앗을 뿐이다. 열심히 일하는 길만이 유일하게 믿을 수 있는 탈출구다. 일은 우리가 성공을 누리고자 치르는 대가다. 근면하게 일해야 부와 행복을 얻을 수 있다. 이 진리를 잊지 마라.

> 아주 먼 옛날, 자애로운 왕이 후세를 위해 지혜가 담긴 기록을 모으려 했다. 늙은 왕은 어느 날 영리한 신하들을 불러 이렇게 명했다.
>
> "지혜가 없는 마음은 불씨 없는 등불과 같다. 나는 그대들이 모든 시대를 아우르는 지혜가 담긴 책을 펴내 우리 자녀와 손주의 미래를 밝히길 바란다."
>
> 명을 받은 신하들은 세상을 돌며 오랜 시간 공들인 끝에 열두 권으로 이뤄진 걸작을 완성했다. 그들은 자랑스러워하며 왕에

게 고했다.

"전하, 이는 모든 시대를 아우르는 지혜를 담은 기록입니다."

책을 본 늙은 왕은 이렇게 말했다.

"보라. 나 역시 이 책이 모든 시대를 아우르는 지혜의 결정체라고 믿는다. 하지만 너무 두꺼워서 사람들이 읽을 수 없겠구나. 간추리도록 하라!"

신하들은 또다시 오랜 시간 여러 번 간추린 끝에 새 책을 완성했다. 그러나 늙은 왕은 여전히 너무 길다며 더 간추리라고 명했다. 신하들은 책을 한 장으로 간추린 다음 한 쪽으로 모으고, 한 단락으로 바꾸고, 마지막 한 문장으로 줄였다.

지혜로운 왕은 그 문장을 보고 아주 만족스러워했다.

"이는 모든 시대의 지혜를 담은 결정체다. 모든 사람이 이 진리를 알게 되면, 우리가 처한 문제 대부분이 해결되겠지."

그 문장은 이미 우리가 아는 내용이다.

'세상에 공짜 점심은 없다!'

성공하려면 노력해야 한다. 사람들이 이 사실을 안다면 대부분은 뭔가 이뤄낼 테고, 세상을 더 나은 곳으로 만들겠지. 그리고 아무 대가 없이 점심을 먹는 사람들은 머지않아 그 값을 치르게 될 것이다.

사람은 자기 삶과 죽음을 조금이라도 존엄하게 바꿔줄 뭔가를 자신과 세상에 선보여야만 한다.

너를 사랑하는 아버지가
John Davison Rockefeller

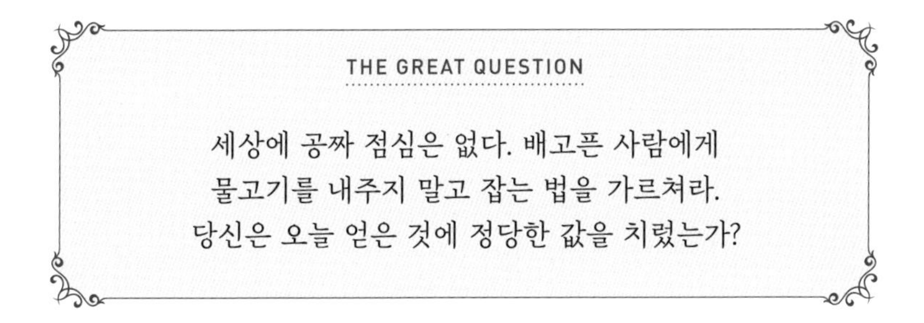

22nd Letter

동전 한 푼에도 엄청난 가치가 담겨 있다

1914년 6월 21일
사랑하는 아들 존에게

지난날 세상을 떠난 찰스Charles Pratt[05] 씨가 떠오르는 날이다. 신실한 신의 자녀인 그는 아주 친절하고 여유로운 사람이었다. 그리고 기꺼이 선행하며 빈곤으로 고통받는 사람들을 끊임없이 도왔지. 찰스 씨는 언제나 자비와 이타심을 보였으니, 하늘에 계신 신께서 미소로 환영하셨으리라 믿는다. 그처럼 진실한 영혼과 함께

05 찰스 프랫은 미국 석유 산업의 선구자로 뉴욕 브루클린에 초창기 정유소를 세웠고, 1870년대 초 스탠더드 오일 컴퍼니에 합류했다.

한 시간은 하늘이 내린 축복이었다.

사업 초기에 찰스 씨 같은 동료를 만나 영광이다. 신중한 성격 때문에 가끔 다투기도 했지만, 찰스 씨를 존경하는 마음은 늘 그대로였다. 그토록 고귀한 사람을 존경하지 않는다면 잘못을 저지르는 셈이다. 당시 우리 회사 최고 경영진은 언제나 함께 점심 식사를 했다. 물론 사장은 나였지만 찰스 씨에게 상석을 내주고 그의 고귀한 성실함과 도덕성에 존경을 표했다.

찰스 씨는 개인으로 보면 작은 부분일지 모르지만, 회사 전체와 영업 성과에 아주 큰 영향을 미쳤다. 물론 스탠더드 오일 컴퍼니와 함께하는 동료들은 모두 정직하고 성실하다. 우리는 서로 존중하고 신뢰하며, 때로 침묵을 지키는 게 얼마나 가치 있고 중요한지 안다. 또 협력이라는 가치를 실현하고자 애쓰기에 의견 차이가 생겨도 서로 헐뜯거나 무턱대고 우기지 않는다. 문제를 두고 솔직하게 이야기할 뿐이다.

이토록 건전한 분위기에서는 누군가 어쩌다 나쁜 생각을 품더라도 집에 놔두고 출근하리라 믿는다. 이런 분위기는 스탠더드 오일 컴퍼니가 놀라울 만큼 강력한 힘을 발휘하는 이유 중 하나일 뿐이다. 성실한 태도는 삶에서 가장 중요한 요소다. 찰스 씨는 이 점에서 나무랄 데 없는 모범을 보였다.

나는 사장으로서 이사회에 나가 이렇게 말했다.

"우리는 한 가족입니다. 좋은 일에도 나쁜 일에도 함께하며, 맞잡은 손으로 목표를 떠받칩시다. 그러니 여러분도 '내'가 아니라 '우리'가 함께 해나갈 일을 말해주길 바랍니다. 우리는 동료입니다. 우리가 하는 일은 모두를 위한 것임을 잊지 맙시다."

이 말을 듣고 찰스 씨가 가장 먼저 화답했다.

"여러분, 록펠러 씨의 말은 '나'보다 '우리'가 더 중요하고, 우리는 '가족'이라는 뜻입니다! 그렇습니다. 우리는 '우리'가 되어야 합니다!"

그 순간 나는 우리가 맞이할 위대한 미래를 보았다. 우리가 '우리'에게 충성했기 때문이다. 모든 사람은 이기적이라 결국 자기 자신에게 충실하다. '자기 자신'은 모두의 마음에 깃든 종교임을 잊지 마라. 그런 만큼 '우리'가 '나'를 대신할 때, 헤아릴 수 없을 만큼 강한 힘이 생긴다. 내가 큰 성공을 거둔 건 '우리'를 한 사람씩 들여다봤기 때문이다. 찰스 씨와 나는 같은 신념을 품었고, 둘 다 독실한 기독교인이었다.

나는 찰스 씨의 좌우명인 '시간과 돈을 소중히 하라'라는 말을 좋아한다. 훌륭한 지혜가 담긴 말이지. 대부분 공감하리라 생각하지만 이 지혜를 자기 생각과 신념, 가치로 삼고 마음에 새기기는 어렵다. 아무리 지혜로운 말과 격언을 듣고 통찰력을 길러도 좋은 기회를 잡고 움직이지 않으면 성격과 태도에 영향을 미치지 못한다. 좋은 의도를 잃으면 아무것도 얻을 수 없다.

행복한 삶을 꾸리고 성공하려면 시간을 어떻게 쓸지 고민해야 한다. 모두 이 사실을 알지만 많은 사람이 시간을 적처럼 대한다. 그들은 시간을 죽이고 없애버린다. 하지만 시간은 돈이고 생명이다. 누군가 시간을 훔치면 그들도 화를 내겠지. 하지만 사람들은 시간 쓰는 법을 모른다. 시간을 잘 쓰는 게 콜럼버스가 아메리카 대륙을 발견한 일만큼 어렵다고 생각한다. 매일, 매 순간 계획을 세워 뭘 생각하고 어떻게 움직일지 아는 게 가장 중요하다.

계획이란 우리가 살아가는 데 꼭 필요한 기초다. 계획은 우리가 뭘 할 수 있는지 보여준다. 완벽한 계획을 세우려면 자신이 바라는 게 뭔지 알아야 한다. 모든 계획에는 실행 방안이 필요하다. 또 계획에 따라 움직인 결과를 확인해야 한다. 가치 있는 계획이라면 실행 방안과 결과가 뚜렷해야 한다.

물론 창의성, 자발성, 신념은 불가능을 가능으로 바꾸고 계획의 한계를 깨기도 한다. 그러니 계획을 너무 엄격하게 지키지는 마라. 매 순간이 중요하고, 모든 결정이 인생에 영향을 미치니 튼튼한 전략을 세워라. 중요한 문제를 앞두고 너무 성급하게 손을 대면 곤란하다.

마지막 단계를 생각하기 전에는 첫 번째 단계를 밟지 마라. 언제나 문제를 살펴보며 고민할 시간이 있음을 잊지 말고 계획이 충분히 무르익도록 인내심을 발휘해라. 일단 계획을 세우고 결정을 내렸다면 투사처럼 충실하게 실행해라.

"꾸준히 돈을 버는 사람은 파산하지 않는다."

찰스 씨가 남긴 부자 되는 법이다. 찰스 씨는 식사하는 자리에서 돈을 다루는 철학을 전했다. 강연자처럼 열정을 갖고 우리에게 영감을 주었다. 찰스 씨는 이렇게 말했다.

"절대 부자가 될 수 없는 사람은 두 부류입니다. 첫째는 맛있는 고기를 탐내는 파리처럼 화려한 삶을 사는 사람들입니다. 이들은 명품에 관심이 많습니다. 예쁜 옷, 비싼 차, 호화로운 집, 사치스러운 예술품을 가지려고 최선을 다하며 엄청난 돈을 쓰죠. 이런 삶이 매력적으로 보일지 몰라도 합리성이 떨어지고 경계심도 부족합니다. 이런 사람들은 결국 빚에 쪼들리다가 자동차와 집에 짓눌린 노예가 됩니다. 파산하면 모든 게 끝나죠. 둘째는 돈을 아끼고 은행에 맡겨두길 좋아하는 사람들입니다. 돈을 구덩이에 묻어두는 꼴인데, 은행 이자로는 돈을 벌 수 없다는 사실을 깨달아야 합니다. 부자가 될 사람은 따로 있습니다. 바로 여기 있는 우리 모두죠. 우리는 돈을 낭비하는 일에는 관심이 없습니다. 부를 이용해 더 많은 돈을 벌 수 있음을 알죠. 그래서 다양한 곳에 투자하고 더 큰 부를 쌓습니다. 동전 한 푼에도 엄청난 가치가 있다는 사실을 깨달아야 합니다! 이는 록펠러 씨의 사업 원칙과도 같습니다. '한 푼이라도 좋으니 가치를 불려라!'"

찰스 씨의 연설은 박수갈채를 받았고 나 역시 그 연설에 열광했다. 너무 열심히 박수를 쳐서 식사가 끝난 뒤 손바닥이 아플 정도였지. 찰스 씨가 떠난 지 몇 년이나 지났으니 그런 박수 소리를 들을 일도, 받을 기회도 없겠구나. 하지만 '소중한 시간과 돈'은 언제나 우리와 함께할 것이다.

인생을 낭비할 이유가 없다. 인생을 낭비하는 건 자기 자신을 망치는 일이다. 이보다 큰 비극은 없다. 나는 편안함과 즐거움을 삶의 목적으로 삼지 않는다. 배부른 돼지로 살지 마라.

너를 사랑하는 아버지가
John Davison Rockefeller

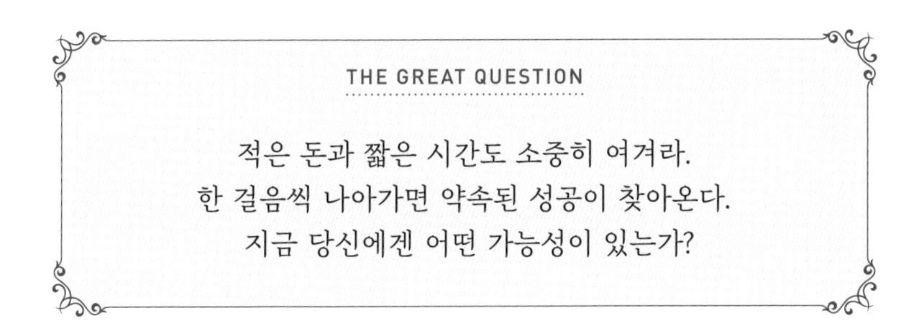

THE GREAT QUESTION

적은 돈과 짧은 시간도 소중히 여겨라.
한 걸음씩 나아가면 약속된 성공이 찾아온다.
지금 당신에겐 어떤 가능성이 있는가?

23rd Letter

때로는
욕심도 필요하다

1918년 5월 6일
사랑하는 아들 존에게

내가 욕심이 많다고 말하는 사람들은 무시해라. 나는 수년간 다른 사람들에겐 욕이나 다름없는 이 '칭찬'을 즐겼다. 나에 대한 이 특별한 찬사는 내가 한창 경력을 쌓으며 '록펠러'라는 이름이 더 이상 나 한 사람이 아니라 부의 상징이자 거대한 사업의 제국을 뜻하게 되었을 때 처음 등장했다.

많은 사람과 언론이 나를 '칭찬'하는 대열에 합류하던 모습을 기억한다. 그러나 이런 칭찬은 내 심장을 두드리지 못했다. 이는 그저 나를 깎아내리려는 말에 지나지 않는다. 또 내가 만든 제국에 부정한 돈을 더하려는 것뿐임을 알고 있었다.

나는 능력과 의지가 부족한 자에게 자라나는 사악한 마음이 인간 본성에 숨겨져 있음을 안다. 바로 질투다. 네가 그들을 능가하면 그들은 너를 증오하고, 날카로운 말로 비난하고, 비방하려고 거짓말을 지어내고, 네 앞에서 아주 교만하게 굴 것이다.

하지만 내가 보기에 이는 교만이 아니라 나약함일 뿐이다. 만약 네가 그들보다 열등하고 삶을 견뎌내기 어렵다고 느낀다면, 그들은 또 네가 무능하고 어리석다고 비웃을 터다. 존엄성을 무시하고 너를 얕잡아보겠지. 아들아, 이것이 인간의 본성이다!

신께서는 내게 인간의 본성을 바꾸라는 사명을 내리지 않으셨다. 나는 그들이 내가 욕심쟁이라며 '칭찬'하는 짓을 막으려 하지 않았다. 내가 할 수 있는 일이라곤 나를 질투하는 사람들이 더욱 더 질투하게 만드는 것뿐이다! 내가 일군 재산을 포기하면 내게 쏟아지는 '칭찬'도 사라질 것을 알지만, 나는 그럴 수 없다. 마법이 일어나지 않는 한 그 누구도 그럴 수 없으리라 믿는다.

신사는 결코 무지한 자와 논쟁하지 않는다. 그와 마찬가지로 나는 내 욕심을 '칭찬'하는 사람들과 논쟁하지 않을 것이다. 하지만 그들의 무지를 경멸할 수밖에 없다. 냉정하게 역사를 돌이켜보며 인류의 발자취를 살펴보면, 욕심 위에 세워지지 않은 사회는 없다는 결론을 내릴 수 있다.

도덕의 파수꾼이라도 되는 것처럼 나를 비방하려는 자들 모두가 자기가 가진 걸 그대로 독차지하고 싶지 않겠느냐? 좋은 걸 갖고 싶지 않은 사람이 어디 있겠느냐? 모든 사람이 필요로 하는 모든 걸 제 손으로 좌우하고 싶지 않은 사람이 어디 있겠느냐? 세상은 위선적인 사람으로 넘쳐난다.

욕심 없는 사람은 없다. 올리브 열매를 가졌다면 올리브나무까지 갖고 싶을 거야. 나는 80년 가까이 살아오면서 스테이크를 못 먹는 사람은 봤지만 욕심 없는 사람은 본 적이 없다. 사업이라는 세계에서는 더욱 그렇다. 공리주의와 자본주의의 뒷면에 새겨진 단어는 단 하나, 욕심이다. 앞으로도 지구상에서 욕심 없는 사람은 없을 것이다. 아름다움을 추구하고 소유하는 것을 그 누가 막을 수 있겠느냐?

아치볼드John Dustin Archbold[06] 씨는 내가 결승선의 냄새를 맡을 줄 아는 경주마라고 했다. 그 말대로 나는 결승선이 어딘지 알아차리면 곧장 전력으로 질주하곤 했지. 조금은 아부하는 말인 줄 알지만, 내 마음속에는 언제나 욕심을 위해 남겨둔 자리가 있었다.

내가 경영대학원에 다닐 때 한 교수님께서 하신 말씀을 잊을

06 존 더스틴 아치볼드는 미국에서 석유 사업을 시작한 초창기 사업가 중 한 사람으로, 록펠러의 동료가 되어 1911년에 회사가 해체되기 전까지 뉴저지 지사에서 부사장직을 역임했다.

수 없다. 그 말씀이 내 운명을 바꿨다고도 할 수 있어.

"욕심을 부리는 건 잘못이 아닙니다. 욕심은 오히려 좋은 마음이라고 생각합니다. 누구나 욕심을 낼 수 있습니다. 욕심을 품을 때 희망이 생깁니다."

이렇게 도발적이고 자극적인 말씀을 꺼내자 강의를 듣던 학생들은 난리가 났다. '욕심'이 무슨 뜻인지 떠올린다면, 대부분이 어린 시절부터 배운 도덕과 정면으로 충돌한다는 사실을 깨닫는다. 이 도덕 개념은 종교, 사회, 윤리, 정치, 법에 통합되어 있다. 의심할 여지도 없이, 통치자의 역할은 욕심이라는 단어에 나쁜 인식을 심는 것이다.

하지만 사회에 발을 들이고 부를 빚어내는 여정을 시작하면서, 나는 그때 들은 수업이 정말 가치 있다는 사실을 깊이 깨달았다. 그 교수님께서 제안하신 명제에는 상당한 통찰력이 있었다. 진화론자들이 말했듯 자연은 자비롭고 이타적인 세계가 아니다. 최강자가 왕이 되고 강한 자만 살아남는 곳이다. 이 원칙은 소위 문명사회에도 해당된다. 욕심을 부리지 않으면 다른 사람에게 '잡아먹힐' 수도 있다. 맛있는 디저트는 모두를 만족시킬 만큼 충분하지 않다.

부와 업적을 쌓고 특별한 삶을 만들고 싶다면 '욕심은 좋은 것'이라는 말조차 잊어버려라. 욕심은 좋은 걸 넘어 필수다! 욕심에 담긴 또 다른 뜻은 더 많은 걸 원하고 독점한다는 것이다.

마음속에서 이런 목소리를 듣지 못한 사람이 있을까? 정치인들은 "나는 권력을 잡고 싶다", "나는 대통령이 되기 위해 우선 주지사가 되고 싶다!"라고 말할 것이다. 사업가들은 더 많은 돈을 벌고 싶다고 말하겠지. 모든 부모는 자기 아이가 뭔가 성취하고 영원히 번영하며 행복한 삶을 살길 바란다고 말할 테고.

사람들은 도덕성, 존엄성, 표면에 떠오른 가치에 제한당할 때만 욕심을 단단히 덮어두고 금기로 만들 수 있다. 명성과 부유함을 좇는 세태가 사라지지 않는 한, 행복을 공기처럼 어디에서나 얻을 수 없는 한 인간은 욕심을 버릴 수 없다.

진흙탕 싸움을 좋아하는 사람들은 항상 욕심을 악마로 여긴다. 하지만 욕심에 걸린 자물쇠를 푸는 건 판도라의 상자를 여는 일과는 다르다. 항상 마음속에 두근거리는 욕심을 풀어주는 건 잠재력을 깨우는 일과 같다.

주급이 5달러에 불과한 경리 직원으로 시작해 오늘날 미국에서 가장 부유한 사람이 된 내가 기적을 이루도록 도운 힘도 바로 욕심이다. 욕심은 사회 진화를 이끄는 원동력이고, 내게는 부를 창출하도록 이끄는 힘이다.

내가 욕심이라는 말을 쓸 때, 너는 이 말을 열망으로 바꾸길 바랄 수도 있다. 아니, 우리는 탐욕스러운 세상에서 산다. 나는 욕심이라는 말이 야망이라는 말보다 단순하다고 생각한다. 단순함은 영혼에 깃든 진실함과 이타심이다. 이는 성실함과는 또 다른 고귀한 가치다.

샘 앤드루스와 함께 석유 회사를 세웠을 때 내 욕심은 잔뜩 부풀고 있었다. 나는 매일 밤 잠자리에 들기 전 다짐했다. 클리블랜드에서 가장 큰 정유사를 만들고 싶고, 흐르는 기름을 지폐 다발로 바꾸고 싶고, 결국에는 석유왕이 되고 싶다고.

사업 초기에는 종일 모든 일을 혼자 처리해야 했다. 정유 작업을 직접 지휘하고, 철도운송을 조직하고, 비용을 줄이고, 석유 부산물 시장을 넓힐 방법도 고민했다. 나는 굶주린 채 밤낮으로 뛰어다니던 그 시절을 결코 잊지 못할 것이다.

아들아, 운명은 스스로 만들어야 하고, 간절히 원하는 건 어떤 수단을 써서라도 손에 넣어야 한다. 성공과 실패를 가르는 차이점은 사람들 생각처럼 한 가지가 아니다. 누가 더 욕심이 있는지, 누가 능력을 활용하는지, 누가 온 힘을 발휘하고, 최선을 다하고, 자신을 뛰어넘을 수 있는지가 중요하다.

나는 앞으로 나아가며 내딛는 걸음걸음마다 욕심이 주는 힘을 느낀다! 욕심은 능력을 극대화할 뿐만 아니라, 모든 걸 희생하고 장애물을 없애버리며 전속력으로 전진하게 만든다. 많은 사람이 내게 같은 질문을 던진다.

"록펠러 씨, 부의 정상에 오른 비결이 뭔가요?"

욕심은 사람들에게 경멸당하기에 내 진실한 감정을 표현할 수는 없다. 그러나 욕심은 내가 백만장자가 되도록 도왔다. 즉 나는 욕심을 불러일으키고 그 힘을 끌어올렸다. 모든 사람의 마음속에는 활기차고 예민하며 강력한 욕심이 있다. 그러나 욕심은 욕심을 사랑하고, 욕심을 내고, 더 많은 걸 원한다고 스스로 인정할 때만 그 사람이 성공하도록 돕는다.

나는 성공을 추구하기에 그 어떤 힘도 욕심을 막을 수 없다. 욕심으로 이룬 성공은 죄악이 아니다. 성공은 고귀한 바람이다. 고귀한 행동으로 성공을 이룰 수만 있다면, 빈곤하게 살 때보다 훨씬 더 크게 인류에 이바지할 수 있다. 나는 해냈다!

지금 우리가 이끄는 자선 활동을 살펴보면 교육, 의료, 종교 단체 등 도움이 필요한 사람들에게 막대한 돈을 투자하고 있다. 이는 위대한 자선이다. 내가 성공했기에 세상은 더욱 아름다워진다. 욕심은 아주 좋은 것이고, 결코 죄악이 아니다. 그렇기에 내가 욕심쟁이라고 말하는 사람들이 나를 무작정 깎아내리려는 게 아니라면, 기꺼이 그들의 평가를 받아들일 수 있다.

아들아, 나 자신이 곧 내 삶의 중심이다. 나는 내게 맞는 걸 스스로 결정한다. 그러니 사람들이 뭐라고 하든 마음이 평온하다. 어떤 사람들은 나를 비열한 사업가로 볼 테고, 아무리 큰 돈을 자선단체에 기부해도 속임수라 여기겠지. 그들은 내가 사익을 추구하거나 속죄하려 기부한다고 의심한다. 공익을 추구하는 선한 마음이라고 인정하지 않는다.

나는 아버지로서 결코 너를 부끄럽게 만들지 않으리라고 진심으로 약속하고 싶다. 내 주머니에 든 돈은 모두 깨끗하다. 내가 부자가 된 건 우수한 마음가짐과 강력한 경력 덕이다. 나는 신께서 상과 벌을 쥐고 계시며, 내 돈은 내려주신 상이라고 굳게 믿는다. 만약 신께서 내가 돈을 벌 수 있도록 도와주신다면, 내가 시민의 이익을 위해 그 돈을 사회에 나눌 것임을 아시기 때문일 터다.

성경을 읽을 시간이구나. 오늘 밤은 너무나 아름답다. 빛나는 별들이 이렇게 말하는 것만 같다.

"잘했어, 존!"

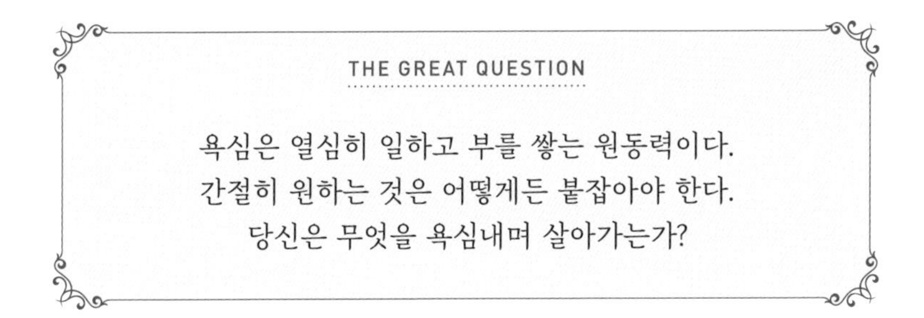

24th Letter

위험이 곧 기회다

1936년 11월 2일
사랑하는 아들 존에게

신문을 읽다가 앞으로 큰 부자가 될 사람을 찾았다. 바로 데이비드 모리스David Morris다. 이 사람은 미국 독립 혁명 당시 재무 책임자였고, 필라델피아 상업계를 주름잡는 왕자였다. 최근에는 카지노에서 행운을 만나 큰돈을 벌었다. 그는 스스로를 카지노의 달인이라 소개하면서 도박사의 인생철학을 전했다.

호기심을 가져야 기회를 찾을 수 있고, 위험을 감수해야 기회를 잡을 수 있다. 나는 도박 중독자들이 하는 말을 귀담아듣지 않지만, 이 신사는 존경해 마땅하다. 나는 그가 철학과 지혜를 갖추고 사업이라는 세계에 합류한다면 아주 훌륭한 사업가, 즉 도박사가 되리라 믿는다. 훌륭한 도박사가 곧 훌륭한 사업가라는 말은 아니지만 그렇게 비유해본다.

물론 나는 사업을 도박으로 취급하는 사람들을 싫어한다. 하지만 '위험이 클수록 수익도 커진다'라는 격언은 우리 세계에서 잘 통하는 규칙이다. 사업이라는 바다에서 항해하는 건 인생이 우리에게 선사하는 가장 큰 모험이다. 내 인생사는 모험으로 가득했다. 현재와 미래를 결정한 가장 큰 모험을 꼽으라면 석유 산업에 뛰어든 일이다.

석유 산업에 투자하기 전에는 은행 사업이 잘됐다. 농산물 대리점을 상대로 영업했고, 이대로 이어가면 큰 중개인이 되리라고 믿었다. 하지만 조명 전문가 앤드루스가 이 모든 계획을 바꿨다. 앤드루스는 이렇게 말했다.

"존, 조명에 석유를 쓰면 그 빛이 어떤 기름보다도 밝아요. 분명히 석유가 다른 조명용 기름을 대체할 겁니다. 생각해보세요. 석유 시장이 앞으로 얼마나 더 커질까요? 우리가 그 시장에 발을 들이면 어떨까요?"

가진 게 많을수록 힘도 커진다. 기회는 바로 눈앞에 있고, 이 기회를 놓치면 돈을 잃는 정도로 끝나지 않는다. 부자가 되는 데 쏟을 힘도 약해진다. 그래서 나는 이렇게 답했다.

"그럽시다!"

당시 우리에게는 큰돈이었던 4,000달러를 투자해 석유 사업을 시작했다. 당시에는 석유가 수많은 백만장자를 낳았지만, 그보다 더 많은 가난뱅이를 만들기도 했다. 그러나 나는 돈을 투자할 때는 실패할까 걱정하지 않았기에 그길로 석유 사업에 뛰어들어 열심히 일했다.

1년도 되기 전에 석유가 농산물보다 많은 수익을 올리며 회사에서 가장 큰 사업이 되었다. 우리는 용기와 모험심으로 새로운 사업과 활로를 찾아냈는데, 당시 하루아침에 부자가 될 수 있는 산업은 석유뿐이었다.

밝은 전망은 큰돈을 벌고 싶다는 욕구를 자극했다. 오래도록 꿈꾸고 기다려온 큰 계획을 따라갈 기회였다. 나는 스스로에게 이렇게 외쳤다.

"이 기회를 꼭 붙잡아야 꿈꾸던 곳에 다다를 수 있다!"

그런데 석유 사업 확장 전략을 펼친 것이 동업자 클라크의 심기를 건드렸다. 클라크는 무식하고 거만하고 나약한 데다 용기도 없는 사람이었다. 그는 실패할까 두려워 소극적인 전략만 세웠다. 내 사업 이념과 완전히 다른 길이었다.

내가 보기에 돈은 거름과 같아서 흩뜨려놓으면 많은 일에 쓸 수 있지만 품에 숨겨두면 참을 수 없는 악취가 난다. 클라크는 훌륭한 사업가가 아니었고 돈에 담긴 진정한 가치를 몰랐다. 현실에 안주하고 중요한 일에 무관심해지면 우리 인생은 끝난 것이나 다름없다.

클라크는 한때 같은 곳을 바라보는 동료였지만, 이제는 성공으로 가는 길에 놓인 걸림돌이 되었기에 서로 찢어질 수밖에 없었다. 중요한 순간이었다. 성공하려면 위험에 숨은 가치를 알고, 행운을 따라가는 자신만의 관점을 가져야 한다.

클라크와 결별하는 건 의심할 여지도 없이 위험한 도전이었다. 석유 사업에 모든 걸 쏟아붓기로 결정하기 전에 석유가 고갈되지 않으리라는 확신이 필요했다. 당시 사람들은 석유 산업이 잠시 반짝이고 사라지리라 생각했다. 석유가 고갈되면 그간 투자한 돈은 무용지물이 되고 카지노를 들락거리는 도박꾼보다도 못한 운명을 맞이할 터였다.

하지만 많은 정보를 얻은 뒤 석유라는 자원이 절대 사라지지 않으리라는 낙관적인 생각을 굳혔다. 이제 헤어질 시간이었다. 클라크에게 헤어지자고 말하기 전에 앤드루스를 불러 의논했다.

"우리에게 큰 행운이 따를 겁니다. 엄청난 돈이 기다리고 있죠. 클라크와 동업자 관계를 끊고 싶습니다. 내가 그의 주식을 사들인다면 함께할 마음이 있습니까?"

앤드루스는 나를 실망시키지 않았다. 며칠 후, 나는 은행에서 더 많은 대출을 받았다. 그해 2월, 준비 끝에 클라크에게 결별을 제안했다. 클라크는 고민했지만 결국 우리는 클라크가 가진 주식을 경매에 내놓기로 합의했다. 회사를 장악하려면 그 주식을 꼭 확보해야 했다.

그때 경매 현장을 생각하면 아직도 심장이 떨린다. 카지노에서 한탕 도박을 벌이는 것처럼 긴장되어 온전히 집중했다. 그야말로 일생일대의 승부였다. 도박에 걸린 돈도 어마어마했지만, 말 그대로 인생이 달려 있었다.

500달러로 경매가 시작되어 가격은 금세 수천 달러로 치솟았고 천천히 5만 달러까지 올라갔다. 내가 생각한 금액보다 훨씬 비싼 가격이었다. 입찰가는 꾸준히 올라가 6만 달러를 넘어서 7만 달러에 이르렀다.

나는 두려웠고 내가 만든 이 회사를 되살릴 수 있을지, 이렇게까지 높은 가치를 인정받을 수 있을지 걱정됐다. 하지만 곧 마음을 진정시키고 다짐했다.

"이미 결심했으니 여기서 멈출 수는 없다. 두려워하지 말고 나아가야 한다!"

마지막 경쟁자가 7만 2,000달러를 꺼내 들었다. 나는 주저하지 않고 7만 2,500달러를 불렀다. 이때 클라크가 자리에서 일어나 외쳤다.

"더는 입찰받지 않겠습니다. 경매는 이걸로 끝입니다. 록펠러 씨, 이 주식은 당신 겁니다!"

내 인생을 결정짓는 순간이었다. 나는 그 특별한 의미를 깨달았다. 물론 클라크가 보유한 주식을 가져오는 대가로 비싼 값을 치렀다. 그에게 에이전시 지분 절반과 7만 2,500달러를 내줬지만, 내가 얻은 건 자유롭고 영광스러운 미래였다. 그야말로 완벽한 거래다!

나는 비로소 나 자신의 주인이자 고용주가 되었다. 더는 앞길을 가로막는 소심하고 평범한 사람들을 걱정할 필요 없었다. 나는 21세에 클리블랜드에서 가장 큰 석유 회사를 갖게 되었고, 이 회사는 세계 최고 수준으로 성장했다.

경매 덕에 내 성공 신화가 시작됐다. 돈을 벌고 싶다면 그에 따르는 위험을 받아들여야 한다. 인생이 다 그렇지 않으냐? 언제까지나 지금처럼 살 수는 없다. 전진하지 않으면 후퇴하게 된다. 인생은 이렇게 간단하다.

늘 조심하는 게 성공을 이루는 완벽한 방법은 아니다. 우리가 무슨 일을 하며 어떻게 살아가든, 위험을 감수하거나 신중하게 돌아가는 길 중 한쪽을 택해야 한다. 때로는 조심히 다가가기보다 과감히 위험을 감수하는 편이 나을 때도 있다.

사업가는 이익과 부를 추구하고, 자원을 창출하고, 남에게서 자원을 얻으며, 부자가 되려고 치열하게 경쟁한다. 시장을 정복하려면 위험을 감수할 수밖에 없다. 위험 속에서도 실패하지 않는 비결을 알고 싶다면 이 한 문장만 기억하길 바란다.

'대담하게 계획하고 신중하게 실행하라!'

너를 사랑하는 아버지가
John Davison Rockefeller

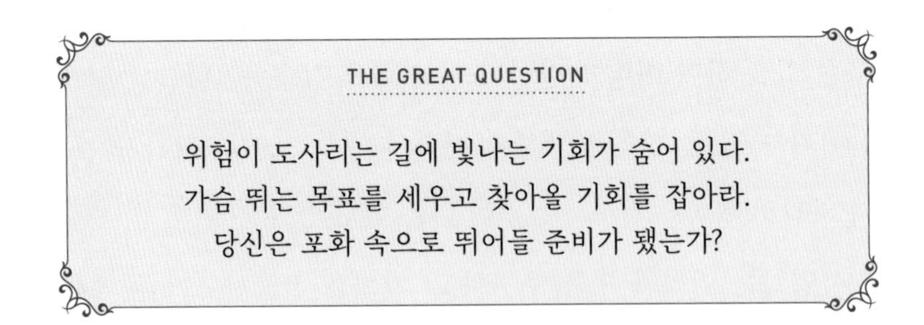
THE GREAT QUESTION

위험이 도사리는 길에 빛나는 기회가 숨어 있다.
가슴 뛰는 목표를 세우고 찾아올 기회를 잡아라.
당신은 포화 속으로 뛰어들 준비가 됐는가?

Part
3

삶을 경영하라

Singleness of purpose is one of the chief essentials for success in life,
no matter what may be one's aim.

인생에서 성공하는 데 가장 중요한 관건은,
무엇이든 단 하나의 목표를 따르는 것이다.

—John Davison Rockefeller

25th Letter

어리석고도
똑똑한 사람이 돼라

1890년 10월 9일
사랑하는 아들 존에게

나는 내일 우리 고향 클리블랜드로 돌아가 집안일을 해치울 예정이다. 그 사이 나를 위해 몇 가지 일을 해주면 좋겠다. 하지만 결정을 내리기 어려운 일이 생긴다면 게이츠 씨에게 도움과 조언을 구하도록 해라.

게이츠 씨는 아주 유능한 비서다. 그는 충성스럽고 성실하며, 솔직하고 현명한 사람이지. 내가 항상 옳은 선택을 내리도록 도와주는 그를 굳게 믿는다. 네게도 게이츠 씨가 큰 도움이 될 거야. 다만 그러려면 너도 그를 존중해야 한다.

아들아, 네가 훌륭한 대학을 졸업했고 경제학과 사회학 관련 지식이 뛰어나다는 걸 안다. 하지만 지식은 원래 공허하다. 지식을 행동으로 옮기지 않으면 아무 일도 일어나지 않는다는 사실을 명심해야 한다. 게다가 교과서 속 지식은 대부분 이론적 지식을 쌓은 저자들이 정리한 내용이라 실제 문제를 해결하는 데는 그다지 도움이 되지 않는다.

그런 의미에서 너는 지식과 학습에만 기대지 않기를 바란다. 지식과 학습에서 벗어나는 게 순조로운 인생 여정을 위한 열쇠가 될 테니 말이다. 학습 자체에 집착하는 건 그다지 좋지 않다는 사실을 알아야 한다. 학습은 그 지식을 활용하기 위해 이뤄져야 한다. 배운 내용을 활용할 줄 아는 사람이 되려면 먼저 실천하는 능력을 갖춰야 한다.

그렇다면 실천하는 능력은 어디에서 오는 걸까? 나는 이 능력이 난관에서 비롯된다고 여긴다. 경험에 따르면 불행과 실패, 어려움이 가득한 험난한 길을 걷다 보면 인격이 강인해질 뿐만 아니라 위대한 일을 해낼 능력도 생긴다. 고통 한가운데서 벗어나는 사람들은 자기 자신을 구할 방법과 수단을 찾는다는 게 무슨 뜻인지 잘 안다. 고난을 일부러 견디는 것은 내가 믿는 성공 공식 중 하나다.

누군가는 일부러 고난에 뛰어드는 것보다 어리석은 짓은 없다고 생각하며 나를 비난할지도 모르겠다. 하지만 전혀 그렇지 않아. 불행을 경험하지 못한 사람이야말로 불행한 인간이다.

많은 게 빠르게 왔다가 사라진다. 하루아침에 유명세를 얻거나 부자가 된 사람들은 대개 어느 날 갑자기 흔적도 없이 사라지곤 하지. 안 그런 사람이 얼마나 되겠니? 고난에서 얻을 수 있는 건 모래밭이 아닌 탄탄한 토대 위에서 경력을 쌓을 능력이다. 선견지명을 갖고 오랜 기간 고난을 겪어야만 그 끝에서 수확을 거둘 수 있음을 잊지 마라.

네가 나와 함께 일하게 된 이후로, 나는 네게 뭔가 선택하라는 부담을 주지 않았다. 너도 이 점을 알게 되었으리라 믿는다. 이는 네 능력을 의심해서가 아니라, 네가 우선 작은 일에 능숙해지길 바랐기 때문이야.

작은 일을 처리하는 건 큰일을 해내기 위한 바탕이 된다. 처음부터 정상에서 시작하면 직원의 기분을 생각하지 못하고, 다른 사람을 제대로 활용할 수 없게 된다. 이 세상에서 살아남고 성과를 내려면 인력, 즉 타인의 힘을 빌려야 한다. 그러려면 직원의 기분을 이해하는 작은 일부터 시작해야 한다. 언젠가 더 높은 직책을 맡게 되면 직원들이 모든 일에 열정을 쏟게 만드는 법을 알게 될 거다.

아들아, 똑똑한 사람은 두 부류로 나눌 수 있다. 첫째는 예술가,

학자, 배우처럼 자기 자신을 활용하는 사람이고 둘째는 경영자, 리더처럼 타인을 활용하는 사람이다. 후자에게는 특별한 능력, 즉 다른 이의 마음을 사로잡는 능력이 필요하다.

하지만 리더 대부분은 헛똑똑이다. 사람의 마음을 사로잡으려면 명령을 내려야 한다고 생각하니까. 내 생각에 이런 방식은 리더십을 끌어올리기는커녕 오히려 떨어뜨릴 뿐이다. 알다시피 사람들은 모두 과소평가당하는 데 예민하고, 그래서는 곧 에너지를 잃고 만다. 이런 리더는 직원을 무기력하게 만들 뿐이다.

칭찬은 돼지도 나무에 오르게 만든다. 관리자나 리더, 타인을 잘 이끄는 사람은 항상 관대한 태도를 보이며 다른 사람을 존경하고 칭찬하는 기술을 알고 있다. 사람들에게 좋은 감정을 베풀어야 한다는 뜻이다. 깊은 감정을 나누는 리더는 직원들에게 더 존경받고 그들과 함께 큰 성과를 낼 수 있다.

지식이 없는 사람은 결국 쓸모없어지지만, 지식을 쌓은 사람이 오히려 지식의 노예가 될 가능성도 크다. 모든 지식은 선입견으로 변질한다. '나는 이 상황을 이해한다', '나는 모든 걸 알고 있다', '사회는 이렇게 굴러간다'라는 보수적인 생각으로 말이다. 모두 이 사실을 알아야 한다.

'이해했다'라는 편견에 빠지면 뭔가 알아내는 데 흥미가 떨어지고, 흥미가 없으면 앞으로 나아갈 동기를 잃는다. 그러면 지루

함만 남고 말지. 아직 이해하지 못한 것들이 사람을 성공으로 이끈다. 그러나 지식이 풍부한 사람은 자존심과 명예 때문에 다른 사람에게 조언을 구하거나 이해하지 못했다고 말하는 것을 부끄러워한다. "이해하지 못했다"라는 말을 어렵게 느끼고 무지는 곧 죄라고 생각하기까지 한다. 이런 사람들은 뭔가 알아가는 게 현명해지려고 애쓰는 과정이며, 우리가 아직 이해하지 못하는 모든 기회가 삶을 바꿀 전환점이 되리라는 위대한 사실을 깨닫지 못할 것이다.

지금까지도 생생하게 기억나는 장면이 있다. 당시 나는 길을 걸으면서 어떻게 해야 1만 5,000달러를 모을 수 있을지 고민하느라 정신이 없었지. 머릿속에 돈을 빌려야겠다는 생각이 번쩍 떠오른 순간, 공교롭게도 한 은행원이 길을 막아섰다. 은행원은 내게 이렇게 속삭였다.

"5만 달러를 빌리시겠습니까, 록펠러 씨?"

내가 운이 좋았던 걸까? 나는 귀를 의심했지만 그 순간 조금도 관심을 내비치지 않았다. 그러고는 은행원을 바라보면서 천천히 말했다.

"그렇군요. 하루만 생각할 시간을 주시겠습니까?"

그 결과 나는 가장 유리한 조건으로 대출을 받을 수 있었다. 바보처럼 행동하면 많은 이익을 얻을 수 있다. 바보인 척한다는 건

낮은 자세를 지키고 겸손하게 행동하는 것, 즉 영리한 본모습을 숨긴다는 뜻이다. 벼는 익을수록 고개를 숙인다. 똑똑한 사람도 마찬가지다. 그러니 어리석은 척할 필요가 있다.

아들아, 이런 행동은 취미처럼 생각해야 쉽게 해낼 수 있다. 바보처럼 행동하기를 즐겨봐라!

언젠가 내가 떠나는 날부터는 너 혼자 모든 걸 감당하기가 쉽지 않겠지. 하지만 그건 아무것도 아니다. 내가 사업에서 지키는 신조는 말을 꺼내기 전에 기다리는 것이다. 나는 결정하기 전에 생각하는 습관을 들인 덕에 항상 차분하게 생각한 다음 판단한다. 하지만 일단 결정을 내리면 망설이지 않고 행동으로 옮긴다. 너도 그렇게 할 수 있으리라고 믿는다.

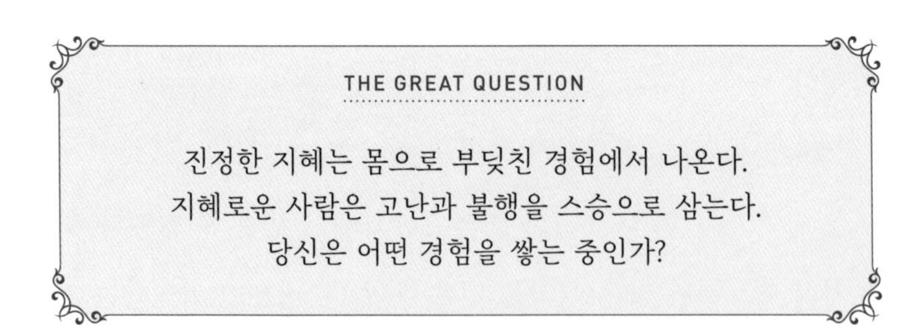

26th Letter

사람은
생각하는 대로 된다

1897년 7월 19일
사랑하는 아들 존에게

온 마음을 바칠 수 있는 따뜻한 사랑에 빠진다는 건 멋진 일이다. 오늘 시카고대학교[01] 학생들이 내게 이 멋진 경험을 선물했다. 이 학교를 세우길 잘했다. 너무나도 기뻤다.

솔직히 말해 대학 설립에 투자하기 전에는 내가 성자처럼 대접받으리라고는 생각지도 못했다. 그저 우리가 만든 우수한 문화를 다음 세대에 물려주고, 젊은이들과 다음 세대를 위해 더 나은 미

01 1890년, 록펠러 가문의 기부금으로 시카고대학교가 설립되었다.

래를 만들고자 했을 뿐이지. 이제 그 목표를 이룬 셈이다. 내 인생에서 가장 현명한 투자였다.

시카고대학교 젊은이들은 정말 아름다웠다. 학생들은 미래를 바라보며 멋진 꿈을 꾸고, 뭔가 이뤄내려는 동기를 품었다. 몇몇은 어린아이 같은 얼굴로 다가와 나처럼 되고 싶다며 조언을 구했다. 물론 학생들이 바라는 대로 미래의 록펠러들에게 이렇게 조언을 남겼지.

성공은 키, 몸무게, 학력, 가정환경이 아니라 생각의 크기를 따라간다. 다시 말해 생각의 크기가 성공의 크기를 결정한다. 가장 중요한 것은 자기 자신을 소중히 여기고, 인류의 가장 큰 약점인 자기 비하를 극복하는 일이다. 절대 자기 자신을 싼값에 내놓지 마라. 너희는 스스로 생각하는 것보다 훨씬 위대하다. 잠재력을 최대한 발휘하도록 생각하는 범위를 넓혀라. 자기 자신을 과소평가하지 마라.

이때 어디선가 박수가 터져 나왔는데, 나는 그 소리에 완전히 사로잡혔다. 너무 몰입한 나머지 말을 멈출 수가 없어 그대로 쭉 이어갔다.

많은 철학자가 수천 년간 우리에게 자신을 알라고 조언했다. 하지만 대부분은 자기 모습에서 나쁜 점만 본다. 스스로 평가한 내용에는 너무 많은 단점, 실수, 무능함이 드러난다. 물론 자기 단점을 아는 건 좋은 일이지. 그래야 고칠 수 있으니 말이다.

그러나 나쁜 점만 보면 혼란에 빠지고, 자기가 가치 없는 사람이라고 생각하게 된다. 사람은 누구나 남들이 자기를 존중하길 바란다. 그러나 현실은 잔인하다. 스스로 단점만 생각하면 다른 사람들도 그의 단점만 보게 된다.

우리는 '내가 생각하는 나'에 맞게 대우받는다. 실제 능력이 어떻든 말이다. 자기가 다른 사람보다 뒤떨어진다고 생각하면 실제로 그렇게 행동하게 된다. 생각과 마음이 행동을 통제하기 때문이다. 자기가 다른 사람보다 못하다고 믿으면 정말로 '못한' 모습을 보이게 된다. 이런 자기 평가는 숨길 수 없다.

자기가 '중요하지 않은' 사람이라고 생각한다면 정말로 '중요하지 않은' 사람이 된다. 반면 자기가 '일을 책임질 만큼 능력 있는' 사람이라고 믿으면 '아주 중요한' 사람으로 거듭난다. 그러니 중요한 사람이 되고 싶다면 '나는 정말 중요한 사람'이라는 믿음을 가져야 한다. 스스로 그렇게 느끼고 생각해야 현실이 따라온다.

어떻게 생각하는지에 따라 행동이 정해지고, 어떻게 행동하는지에 따라 다른 사람들이 나를 보는 시선이 정해진다. 이 진리에서 예외인 사람은 없다. 성공하는 데 필요한 계획을 세우는 법, 다른 사람에게 존경받는 법은 사실 아주 간단하다. 다른 사람에게 존경받으려면 먼저 '나에게는 존중받을 가치가 있다'라고 진심으로 믿어야 한다. 자기 자신을 존중할수록 남들도 나를 존중한다.

생각해보자. 사람들은 더러운 거리를 오가는 마약 중독자와 주정뱅이를 존중할까? 그렇지 않을 것이다. 왜 그럴까? 그 사람들은 자기 자신을 소중히 여기지 않기 때문이다. 그러니 열등감이 영혼을 갉아먹고 결국 자기 자신을 포기하게 된다.

자존감은 인격의 핵심이다. 다시 말하지만 자신이 '어떤 사람'인지 생각하면 실제로 '그런 사람'이 된다. 일반인이든 유명인이든, 문명인이든 야만인이든, 젊은이든 늙은이든, 어디에 살든, 누구에게나 중요한 사람이 되고 싶다는 강한 열망이 있다.

자기 자신, 친구, 동료, 이웃, 주변에 있는 사람 등 누구든지 떠올리며 깊이 생각해봐라. 강한 권력을 마다할 사람이 있는가? 대부분은 당연히 권력을 갖길 바란다. 권력은 모든 사람이 바라는 가장 큰 목표다.

그런데 왜 사람들은 권력이라는 목표를 이룰 수 없다고 생각할까? 마음가짐 때문이다. 마음가짐은 생각과 정신으로 이뤄진다. 마음가짐이 선택과 행동을 정한다. 그런 뜻에서 마음가짐은 좋은 친구이자 최악의 적이다. 바람이 부는 방향은 정할 수 없지만 바람을 받아들이는 돛, 즉 마음가짐은 내가 정할 수 있다.

마음가짐을 소중히 여기면 '나는 쓸모없는 사람이다', '나는 아무것도 아니다', '나는 할 말이 없다', '나는 무가치하다'처럼 스스로를 비하하며 의지와 자신감을 꺾어 지레 포기하려는 비겁한 생각이 사라진다. 그 대신 욕망을 되살리고 생각과 행동에 변화를 일으켜 "나는 할 수 있다! 나는 해낼 거다!"라고 자신감 있게 외치는 긍정적 사고방식을 갖게 된다.

젊은이들에게 이렇게 말하고 싶다. 자기 자신에게 거짓말한 적이 있다면, 그런 짓은 이제 그만둬라. 자기가 중요한 사람이라고 여기지 않는다면 스스로를 포기하는 흔한 패배자가 된다. 무슨 일이 생겨도 자신을 비하하지 마라. 먼저 자기가 가진 자산이나 장점을 생각해라. 그리고 스스로 이렇게 질문하라.

"내 강점은 뭘까?"

자기 강점을 분석할 때는 다소 관대해질 필요가 있다. 강점에 집중하고 자기 자신이 생각보다 훨씬 괜찮은 사람이라고 되뇌어라. 눈앞에 놓인 상황만 보면서 큰 기대를 품지 말고 선견지명으로 미래를 바라보며 발전 가능성을 생각해라. 그리고 이 질문을 기억하라.

"능력 있고 잘나가는 사람들도 이 일을 할까?"

그러면 점점 더 큰 성공을 거둘 수 있다. 길은 황금으로 뒤덮인 일방통행로다. 다시 말해, 성공으로 가는 길은 단 하나뿐이다! 지금 우리에겐 낙관적인 태도가 필요하다. 철학자들은 종종 낙관주의를 희망이라고 부른다. 하지만 낙관주의와 희망은 다르다. 이런 뜻풀이는 오해를 부를 뿐이다.

낙관주의란 믿음이다. 즉 삶이 더 즐거워지고, 덜 비참하고, 나쁜 일이 생겨도 결국 좋은 일이 더 많으리라 믿는 태도다. 아들아, 이 조언을 기억하길 바란다.

단 10분간 연설했지만 여덟 번이나 박수갈채를 받았다. 박수 소리가 너무 커서 중요한 생각 하나를 놓치기도 했다. 이 편지를 통해 그 생각을 이야기하고 싶구나. 사고력을 기르면 판단하고 움직이는 기준이 바뀐다. 그럼으로써 일을 더 잘하게 된다. 내 말이 너는 물론 많은 젊은이에게 도움이 되길 바란다.

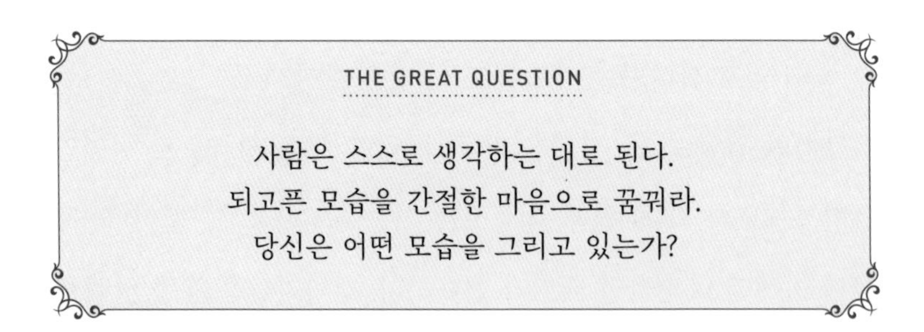

27th Letter

지금 당장 시작하라

1897년 12월 24일

사랑하는 아들 존에게

나는 지혜로운 사람들이 하는 말을 똑똑히 기억한다. 한 현자는 이렇게 말했다.

"교육은 여러 방면을 다루지만, 너희에게 아무것도 가르쳐주지 않는다."

그는 우리에게 한 가지 진실을 알려주었다. '만약 우리가 행동하지 않는다면, 세상에서 가장 실용적이고 아름답고 가치 있는 철학일지라도 아무 소용 없다'라는 진실을 말이다.

나는 항상 기회는 또 다른 기회에서 온다고 믿었다. 아주 평범한 계획일지라도 실제로 실행하고 발전시킨다면 뛰어난 계획을 세우고 중간에 포기하는 것보다 훨씬 낫다고 여겼다. 전자는 계획에 따라 꾸준히 목표를 이뤄가지만, 후자는 실행에 옮기지 않거나 포기해버리기 때문이다. 그래서 나는 늘 특별한 성공 비결은 없다고 말했다.

물론 인생에서 좋은 결과를 내려면 비범한 지혜와 특별한 재능이 있어야 유리하겠지. 적극적으로 행동할 의지가 있는 한 성공에 더욱 가까워질 터다.

불행히도 많은 사람이 이 단순한 교훈을 깨닫지 못한 채 평범한 삶에 그치고 만다. 주위를 둘러보면 수동적으로 살면서 행동보다 말을 앞세우고 아무것도 하지 않는 사람들을 볼 수 있다. 이들은 핑계를 찾는 데 능숙한 데다 할 수 없는 이유나 너무 늦었음을 증명할 때까지 일을 미룰 다양한 이유를 찾아낼 거다.

나는 이런 사람들보다 훨씬 더 똑똑하고 영리하다. 게이츠 씨는 내가 적극적이고 자발적인 사람이라고 치켜세웠지. 나는 그런 삶을 살기 위해 애써왔기에 그 말을 듣고 너무나도 기뻤다. 나의 또 다른 장점은 적극적으로 행동한다는 것이다. 나는 결코 빈말을 하지 않는다. 행동하지 않으면 결과가 나오지 않고, 생각만으로 얻을 수 있는 건 아무것도 없음을 알기 때문이다. 우리는 살아있는 한 행동해야 한다.

경험이 아닌 지식은 쓸모가 없다고 하는 사람도 많지만, 더욱 중요한 건 아무리 뛰어난 지식과 지혜를 갖추었어도 행동하지 않으면 공허한 말일 뿐이라는 사실이다.

적절한 준비와 실행은 일의 두 축이다. 많이 준비해도 실행에 옮기지 않으면 결국 시간만 낭비하게 된다. 즉 모든 일에는 시간 제한이 필요하다. 끊임없이 고민하고 계획만 세우는 함정에 빠져선 안 된다. 아무리 세심하게 계획을 세워도 최종 결과를 정확히 예측할 수 없다는 사실을 염두에 둬라.

물론 계획이 아주 중요하다는 점을 부정할 생각은 없다. 계획이 좋은 결과를 내는 첫 단계임은 인정하지만, 그렇다고 계획이 행동을 대체할 수는 없다. 골프에서도 첫 번째 홀을 마치지 않으면 두 번째 홀로 넘어갈 수 없다. 이와 같은 이치로 결국 모든 일은 행동이 결정한다. 실행에 옮기지 않으면 아무 일도 일어나지 않는다. 어리석은 짓을 저지르지 않으려면 계획을 실행하겠다는 결단을 내려야 한다.

실행력이 부족한 사람들은 현상을 유지하길 좋아하고 변화를 거부하지. 나는 이게 기만적이고 자기 파괴적인 나쁜 습관이라고 생각한다. 사람들이 태어나고 죽듯 모든 게 변하기 때문이다. 영원한 건 아무것도 없어. 하지만 많은 사람이 내면에 숨은 두려움, 즉 미지에 대한 두려움 탓에 변화에 저항한다. 지금 상황이 불만족스러워도 한 발짝도 내딛지 못한다. 성공해야 마땅했는데도 그러지 못한 사람들을 보면 공감하게 될 거다.

모든 사람은 중요한 사안을 결정할 때 근심과 두려움이라는 문제에 직면한다. 하지만 '행동하는 사람'은 결단력으로 영혼에 불꽃을 일으키고, 원하는 대로 이루고자 다양한 방법을 찾아내고, 온갖 어려움을 극복할 용기를 얻는다.

실행력이 부족한 사람들은 천진난만하게 앉아서 일이 저절로 해결되기만 기다린다. 그들은 순진하게도 다른 사람들이 자기 일에 관심을 가지리라 여긴다. 사실 사람들 대부분은 다른 사람 일에 그다지 관심이 없다. 예를 들어 사업에서 큰 수익을 얻고 싶다면 더더욱 솔선수범해야 한다. 성공과 실패는 다른 사람들과 별 관련이 없기 때문이다.

다른 사람들은 우리 일에 신경 쓰지 않는다. 그러니 자기 뜻대로 밀어붙이는 편이 좋다. 만약 우리가 게으르고, 과업 앞에서 뒤로 물러나고, 다른 사람들이 주도권을 잡고 일을 시작하길 기다린다면 실망스러운 결과가 나올 테지. 오직 자기 자신에게 의지해야만 실망하지 않고 운명을 바꿀 기회를 잡을 수 있다. 똑똑한 사람들은 그 일을 해낼 뿐이다.

인생에서 아쉬운 점은 할 일은 많고 시간은 너무 부족하다는 사실이다. 실행할 수 없는 계획에 몰두하는 건 자기 자신을 위협할 뿐이고 결국 아무것도 이루지 못하게 된다. 제한된 시간 안에 모든 걸 완벽하게 해낼 수 있는 사람은 없음을 인정해야 한다. 모든 행동이 좋은 결과로 이어지지는 않는다. 현명한 행동만이 의미 있는 결과를 가져온다.

똑똑한 사람은 이 사실을 안다. 그들은 미래에 좋은 영향을 미칠 일에서 배우고, 큰 성과로 이어지는 일에만 집중한다. 그 결과 그들은 언제나 가장 크게 이바지하고 많은 성과를 얻어낸다.

코끼리를 삼키려면 한 번에 한 입씩 먹어야 하겠지? 어떤 일을 할 때도 마찬가지다. 한번에 모든 걸 해내려 하면 기회를 놓친다. 내 좌우명은 '긴급 상황이 아니라면 차근차근 처리한다'다.

많은 사람이 스스로를 수동적으로 만들곤 한다. 그들은 움직이기 전에 모든 조건이 완벽해질 때까지, 즉 적절한 시기가 올 때까지 기다리길 원한다. 인생은 기회로 가득하지만, 완벽이란 없다.

수동적인 사람들은 뭔가 하기 전에 100퍼센트 이익이 되고 확실하게 안전한지 확인하려고 한다. 그렇게 기다리기만 하는 탓에 평범한 삶을 살지. 아주 어리석은 접근 방식이다. 지금 손에 쥔 기회가 필요하다 믿고 행동에 옮겨라. 그래야 우리 앞에 도사리는 수렁에서 벗어날 수 있다.

우리는 완벽을 추구하지만, 인생에 완벽이란 없다. 완벽에 조금씩 가까워질 뿐이다. 모든 조건이 완벽해질 때까지 기다린다면 그 기다림은 영원이 되고, 기회는 다른 사람에게 넘어가겠지. 모든 게 준비될 때까지 기다리면 절대 집을 떠나지 못한다.

'지금 당장 움직일 줄 아는' 사람이 되려면 망상을 멈추고 언제나 현재만 생각하며 지금 당장 시작해야 한다. '내일', '다음 주', '미래' 같은 말은 '절대 할 수 없다'와 같은 뜻이니까.

누구에게나 자신감을 잃고 자기 능력을 의심하는 순간이 찾아온다. 역경에 처했을 때 더욱 그렇다. 하지만 행동이라는 기술을 진정으로 이해하는 사람들은 강한 인내심으로 이를 극복한다. 누구에게나 실패는 찾아온다. 그들은 비참하게 실패하더라도 이렇게 말할 터다.

"일을 시작하기 전에 얼마나 많이 준비하고 오래 생각했든 간에, 실수와 실패는 필연처럼 찾아오기도 한다."

하지만 소극적인 사람들은 실패를 만나면 배우고 성장할 기회로 삼지 않고 이렇게 자책한다.

"어쩌면 영영 해낼 수 없을지도 몰라!"

그 탓에 새로운 일에 뛰어들 의욕을 잃곤 한다. 많은 사람이 자기 소원대로 이뤄지길 바라지만, 나는 그런 바람은 헛되다고 생각한다. 좋은 아이디어는 잔뜩 있다. 처음에 떠오른 아이디어는 여러 행동으로 이어지는 시작점일 뿐이다.

아이디어에 이은 두 번째 단계는 준비와 계획, 세 번째 단계는 행동이다. 세상에는 아이디어를 가진 사람이 넘쳐나지만 그를 현실로 만드는 방법을 아는 사람은 드물다. 하지만 이런 시도는 책상에 앉아 아이디어를 수천 개 떠올리는 일보다 가치 있다.

사람들이 네 능력을 판단하는 근거는 네가 얼마나 많은 걸 가졌는지가 아니라 어떤 행동을 보여주는가다. 사람들은 현실적인 사람을 믿고, 그런 사람을 볼 때 '이 사람은 배짱 좋게 말하고 행동하니 가장 좋은 행동 방침이 뭔지도 알 거야'라고 생각한다.

나는 남을 방해하지 않고, 먼저 행동하지 않고, 남이 먼저 하기를 기다리는 사람이 칭찬받는 것을 본 적이 없다. 사업체, 정부 기관, 군대의 리더는 100퍼센트 능동적이다. 그들은 아주 유능하고 적극적이다. 방관만 하며 아무것도 하지 않는 사람은 절대 리더가 될 수 없다.

능동성과 수동성은 습관이다. 이 습관은 밧줄과 같다. 우리는 매일 이 밧줄을 꼰다. 결국 밧줄이 너무 두꺼워지면 끊어낼 수 없다. 습관이라는 밧줄은 우리를 성공 또는 실패로 이끈다. 나쁜 습관은 우리 삶을 좌우하고 성공과 실패를 가르기도 한다. 나쁜 습관은 쉽게 생겨나지만 끊어내기 어렵고, 좋은 습관은 기르기 어렵지만 이어가기는 쉽다.

적극적인 태도를 갖고, 산만하게 구는 습관을 버리고, 주도적인 사람이 되기로 결심하고, 일할 때 용기를 내고, 모든 게 준비

될 때까지 기다리지 말고, 완벽이란 결코 없다고 믿어라. 이것이 당장 실행하는 습관을 기르는 데 가장 중요한 요소다. 실행하는 습관을 기르는 데는 특별한 지혜나 기술이 필요하지 않다. 인생에서 좋은 습관을 꽃피우도록 열심히 애쓰기만 하면 된다.

아들아, 인생은 치열한 전쟁이다. 이기려면 행동하고, 또 행동하고, 끊임없이 행동해야 한다. 행동만이 네 미래를 보장할 수 있다.

메리 크리스마스! 이 편지보다 더 좋은 크리스마스 선물은 없겠지?

너를 사랑하는 아버지가
John Davison Rockefeller

THE GREAT QUESTION

아무것도 하지 않으면 아무 일도 일어나지 않는다.
앞선 기회를 붙잡은 자만이 또 다른 기회를 얻는다.
당신 앞에는 어떤 기회가 놓여 있는가?

28th Letter

단단하게 마음먹고 나아가라

1899년 11월 19일
사랑하는 아들 존에게

요즘 네 기분이 많이 가라앉은 듯해 내 마음도 좋지 않다. 100만 달러를 들인 투자가 잘못돼서 창피와 굴욕을 겪었다는 걸 안다. 그 탓에 종일 우울해하며 근심에 빠진 거겠지. 그러나 그럴 필요 없다. 실패는 아무것도 아니고, 네게 무능하다는 꼬리표를 붙이지도 않는다.

행복해라, 아들아. 이 세상에 마냥 순탄한 삶을 사는 사람은 없다. 오히려 모두가 실패에 둘러싸여 살아가지. 이 세상에는 무기력한 실패가 너무나 많다. 그 탓에 사람들은 탁월함을 추구하고,

그게 매력적으로 보일 수도 있다. 그렇다 하더라도 실패를 피할 방법은 없다.

우리 운명도 마찬가지다. 다만 다른 사람과 달리 나는 실패를 술 한 잔으로 여긴다. 마시는 순간은 씁쓸하지만 결국 내게 활력을 주니까.

내가 처음 사업이라는 세계에 발을 들여놓으며 새로운 회사를 축복해달라고 신께 기도드린 순간, 폭풍이라는 재앙이 우리를 덮쳤다. 당시 콩을 대량 구매한 우리는 큰돈을 벌 거라고 기대했다. 갑작스러운 재앙이 우리의 달콤한 꿈을 짓밟으리라고는 상상도 하지 못했다.

우리가 산 콩 중 절반이 못 쓰게 되었고, 일부 부도덕한 업체에서는 콩에 모래와 쭉정이, 지푸라기를 섞어 납품하기도 했다. 그 때문에 사업이 실패할 위기에 처했지만 나는 우울이나 좌절에 빠져 지낼 수는 없음을 잘 알았다. 그렇지 않으면 목표와 꿈에서 더 멀어질 테니 말이다.

세상에 공짜 점심은 없고, 언제까지나 제자리에 머물 수도 없다. 가만히 있으면 퇴보할 뿐, 앞으로 나아가려면 기꺼이 결정을 내리고 위험을 감수해야 한다.

그 사업이 실패한 후 나는 망설임 없이 다시 아버지께 돈을 빌렸다. 그리고 동업자 클라크에게 사업에서 우위를 점하려면 신문

광고를 통해 우리가 선불금을 더 많이 줄 수 있고, 많은 농산물을 빨리 공급할 수 있다는 점을 홍보해야 한다고 말했다.

용기와 성실함이 우리를 구했다. 그해 우리는 '콩 사태'에 영향을 받지 않았고 오히려 상당한 순이익을 냈다. 실패를 달가워하는 사람은 없지만 실패를 피하는 걸 동기로 삼으면 게으름과 무력감이라는 샛길로 빠지게 된다. 이는 특히 재난이 닥쳤을 때 더욱 끔찍한 상황을 불러오지. 재난은 사람들에게 기회를 잃을 수도 있다고 소란스레 경고하기 때문이다.

아들아, 기회는 귀한 것이다. 사람들은 기회를 잡아 번영하고 부유해진다. 가난한 사람들을 가만히 보면 그들은 결코 무능하거나 어리석지 않지만, 최선을 다해 일하지도 않는다. 그들은 부자가 될 기회를 박탈당한 것이다.

우리는 약자가 강자에게 잡아먹히고, 누군가를 잡아먹지 않으면 반대로 잡아먹힐 위험이 도사리는 정글에 있다는 사실을 알아야 한다. 위험을 피하기만 하는 건 파산으로 가는 지름길이다. 반대로 기회를 잡는다면 다른 사람에게 넘어갈 기회를 낚아채 내 것으로 만드는 셈이다.

실패를 두려워하면 위험을 극복하지 못하고 눈앞에 놓인 기회를 놓치게 된다. 아들아, 기회를 놓치지 않고 경쟁에서 자리를 지킬 수 있다면 실패와 좌절이라는 위험을 받아들일 만하다.

실패는 더 높은 자리로 향하는 여정의 시작이다. 내가 오늘 이룬 결과는 실패라는 나선형 사다리에 오른 덕이라고 할 수 있다.

나는 영리한 '실패자'다. 실패에서 배우고, 실패한 경험에서 성공 요인을 찾아내고, 전에는 생각하지 못한 혁신적인 방법으로 새로운 일을 시작할 줄 안다. 따라서 습관이 되지 않는 한 실패해도 좋다고 말하고 싶다.

"어떤 실패와 좌절을 겪더라도 힘을 기르고 강인함과 끈기를 발휘한다!"

이것이 내가 할 수 있는 유일한 일이다. 그러면 나 스스로 행복을 위해 뭘 해야 하는지, 노력할 가치가 있는 일은 무엇인지 이해할 수 있다.

근본적인 기대감은 청소부가 쥔 빗자루처럼 성공으로 가는 길을 막아서는 쓰레기를 모두 쓸어낼 것이다. 아들아, 네가 품은 기대는 무엇이냐? 네가 기대를 버리지 않는 한 성공은 반드시 찾아온다.

낙관적인 사람은 고통 속에서 기회를 보고, 비관적인 사람은 기회 속에서 고통을 본다. 아들아, 내가 믿는 성공 공식을 기억해라.

꿈+실패+도전=성공

물론 실패는 때로 치명적이고, 사람을 우울하고 어둡게 만든다. 투지와 의지까지 잃게 만들지도 모른다. 다만 중요한 점은 실패를 어떻게 바라보느냐다. 천재 발명가 토머스 에디슨은 모건의 사무실을 전등으로 밝히기 전까지 1만 번도 넘는 실험을 거쳤다. 그에게 실패란 그저 성공을 위한 시험대였을 뿐이다. 10년 전 〈뉴욕 선New York Sun〉 신문에서 한 기자가 에디슨을 인터뷰하면서 이렇게 물었다.

"에디슨 씨, 이번 발명품은 1만 번이나 실패했다고 하던데, 이를 어떻게 생각하십니까?"

실패라는 말에 면역이 생긴 에디슨은 여유로운 태도로 이렇게 답했다.

"젊은이, 자네 인생 여정은 이제 막 시작되었으니 앞으로 큰 도움이 될 사실을 알려주지. 나는 1만 번 실패한 게 아니라, 효과가 없는 방법을 1만 개나 찾아냈을 뿐이라네."

절대 포기하지 않는 정신력은 이처럼 위대하다. 아들아, 영혼과 마음이 무너졌다고 선언하는 순간 너는 모든 걸 잃게 될 것이다. 나아갈 길은 파도와 같다는 사실을 알아라. 파도를 뛰어넘으면 보상이 따르겠지만, 실수를 저지르면 수렁과 슬픔에 갇히게 된다. 실패는 곧 경험이다. 너는 실패를 비석으로 삼을 수도, 디딤돌로 삼을 수도 있다.

도전 없이는 성공도 없다. 실패했다고 멈추지 말고 스스로를 극복해라. 너는 위대한 승자다! 나는 너를 믿는다.

너를 사랑하는 아버지가
John Davison Rockefeller

기회를 잡으려면 실패를 딛고 용기 있게 나서야 한다.
성공은 꿈과 도전, 실패의 총합이다.
당신은 성공하기 위해 어떤 실패를 겪었는가?

29th Letter

모욕조차 나아갈 동기로 삼아라

1901년 2월 27일
사랑하는 아들 존에게

모건과 협상할 때 네가 보여준 모습은 아주 놀라웠다. 우리는 네게 월가의 지배자와 맞설 용기가 있으리라고는 생각하지 못했다. 게다가 너는 강단 있고 자신감 넘치며 예의 바른 태도를 유지했다. 상대를 완벽하게 통제한 셈이다. 너처럼 뛰어난 아이를 선물해주신 신께 감사드린다.

네가 보낸 편지를 보니 모건이 무례하게 굴면서 일부러 너를 모욕했다고 하더구나. 정말 그랬으리라고 생각한다. 너는 나 대신 모건과 싸우고 복수하려 했겠지.

모건이 이번에 동맹을 제안한 건 내가 자신에게 위협이 될까 걱정하기 때문이다. 모건과 나는 마주 보고 돌진하는 마차나 다름없다. 서로 그리 좋아하지 않으니 나와 힘을 합치길 꺼리겠지. 모건이 오만하게 구는 모습을 볼 때마다 심기가 불편하다. 물론 모건이 나를 볼 때도 탐탁지 않은 구석이 있을 거다.

하지만 모건은 시장을 주름잡는 거물이다. 그는 내가 월가에 관심이 없다는 걸 잘 알지만 사업이라는 세계에서는 신중을 기하며 철저하게 견제한다. 모건이 미국에서 철강 산업을 지배하겠다는 야망을 이루려면 나와 힘을 합칠 수밖에 없다. 그렇지 않으면 삶과 죽음을 가르는 경쟁이 벌어질 뿐이다.

생각과 행동에 능한 사람들은 오만과 편견이 독임을 안다. 또 한낱 편견 탓에 일을 그르쳐서는 안 된다는 사실도 안다. 모건도 그런 사람이기에 스탠더드 오일 컴퍼니 사장실로 찾아왔다. 나를 상대하고 싶지 않은데도 말이다. 협상에서 이득을 보는 사람은 마지막 순간까지 버티는 쪽이다. 그래서 나는 이렇게 말했다.

"죄송하지만 저는 이미 은퇴했습니다. 이야기할 시간이 필요하시다면 집에서 기다리죠."

그러자 모건은 정말 집으로 찾아왔다. 그로서는 아주 겸손한 태도였다. 하지만 나 역시 그가 다시 한번 던진 질문에 이렇게 답하게 될 줄은 꿈에도 몰랐다.

"모건 씨, 정말 죄송하지만 말씀드렸다시피 저는 은퇴했습니다. 제 아들 존이 그 거래를 맡을 겁니다."

바보가 아니라면 내가 자기를 놀리고 있다는 걸 알았겠지. 하지만 모건은 아주 정중하게, 월가에 있는 자기 사무실에서 너와 얘기하고 싶다고 했다. 나는 그러라고 답했다.

남에게 복수해봤자 결국 자기 자신에게 돌아올 뿐이다. 모건은 이 진리를 모르는 것 같더구나. 내가 집까지 불러내 골탕을 먹였으니 네게 화풀이한 셈이다. 이번에 모건이 너를 모욕했지만, 그는 이뤄야 할 목표에서 절대로 눈을 떼지 않는다. 내가 존경하는 점이다.

아들아, 우리는 존엄성을 중시하는 사회에서 자랐고 자신감 넘치는 사람이 모욕당하는 게 무슨 뜻인지 잘 안다. 하지만 사람들 대부분은, 심지어 미국 대통령조차 다른 사람이 던지는 비판과 모욕을 피할 수 없다.

그러면 어떻게 해야 할까? 화를 내고 맞서 싸우며 존엄성을 지켜야 할까? 아니면 넓은 마음과 여유를 보여줘야 할까? 혹은 다른 방식으로 대응해야 할까?

너도 알겠지만 나는 중학교 동창들이 찍은 단체 사진을 소중히 간직한다. 그 사진에 나는 없고 부잣집 아이들만 찍혀 있지. 수십 년이 지났지만 여전히 그 사진 속 장면을 기억한다. 어느 오후였고 날씨가 아주 좋았다. 선생님은 사진사가 수업받는 학생들 모습을 찍으러 왔다고 말씀하셨다.

물론 나도 사진을 찍어보긴 했지만 아주 드문 일이었다. 가난한 집 아이에게 사진은 사치니까. 사진사가 나타나자 나는 사진을 찍을 때 어떤 포즈를 취할지 생각했다. 더 많이 웃고, 자연스럽고 멋지게 행동하려 했지. 집에 가서 어머니께 좋은 소식을 전하는 상상도 했다. “엄마, 오늘 학교에서 사진사가 내 사진을 찍어줬어!”라고 말이다. 나는 설레는 마음으로 눈을 부릅뜨고 사진사가 내 모습을 찍어주길 기다렸다. 하지만 곧 실망하고 말았다. 사진사는 나를 가리키며 이렇게 말했다.

“선생님, 저 학생에게 잠깐 비켜달라고 해주시겠어요? 옷이 너무 초라해요.”

나는 힘없는 학생이라 명령에 따를 수밖에 없었다. 맞서 싸우지도 못하고 그저 조용히 자리를 벗어나 잘 차려입은 학생들이 아름다운 사진에 담기는 모습을 지켜볼 수밖에 없었다.

그 순간 얼굴이 화끈거렸다. 하지만 누구에게 화를 내지도, 나 자신을 불쌍해하지도, 제대로 된 옷을 입혀주지 못한 부모님을 탓하지도 않았다. 부모님께서는 내가 좋은 교육을 받도록 온 힘을 다하셨으니 말이다.

사진사가 카메라 다루는 모습을 보면서 주먹을 불끈 쥐고 다짐했다. 언젠가는 세계에서 가장 위대한 부자가 되리라! 그깟 사진 한 장 찍는 일에 무슨 의미가 있을까? 세계에서 가장 유명한 화가가 내 초상화를 그린다면 그야말로 자부심 넘치는 업적이 될 텐데 말이다. 이제 그때 한 다짐이 현실이 되었다.

내게 모욕이라는 말은 남들과 다른 뜻이다. 이제 모욕은 존엄성을 빼앗는 날카로운 칼날이 아니다. 내게 날아드는 모욕은 압도적인 산처럼 강한 원동력이 되어, 앞으로 나아가고 멋진 일을 이루도록 도울 뿐이다. 그 사진사는 가난한 소년에게 세계 최고 부자가 될 원동력을 줬다. 그러니 그 사람에겐 잘못이 없다.

사람이라면 누구나 박수와 칭찬을 좋아한다. 박수와 칭찬은 우리가 이룬 업적이나 능력, 윤리, 도덕성을 인정해준다. 하지만 악의에 찬 사람에게 공격받고 모욕당해 고통받을 때, 나는 내 능력이 모자란 탓이라고 생각한다. 여기서 능력이란 성격이나 일하는 방식과 이어진다.

남을 모욕하는 사람은 상대가 어떤 사람인지 깊이 들여다보거나 존중하지 않는다. 그러니 뻔한 모욕을 나쁘게 받아들이지 마라. 차분하게 반성할 줄 아는 사람은 비판과 모욕으로 자기 능력을 가늠하고 더욱 성장할 기회로 삼는다. 내가 그랬듯이 말이다.

물론 사소한 모욕이 존엄성에 큰 상처를 낼 수 있음을 안다. 하지만 존엄성은 신이나 다른 사람이 만들어주는 게 아니다. 자기 스스로 빚어내는 힘이자 강한 정신의 산물이다. 존엄성이란 자기 자신만의 가치다. 스스로 존엄성이 있다고 믿으면 존엄성이 생긴다.

그러니 누가 네 감정과 존엄성에 상처를 내면 침착해야 한다. 네가 존엄성에 집착하지 않으면 누구도 너를 해치지 못한다. 자기 자신과 맺는 관계에서 모든 관계가 시작된다. 자신을 믿고 스스로와 조화를 이룰 때 가장 충실한 동업자, 진정한 자기 자신을 만나는 법이다. 그래야만 비판과 모욕에 개의치 않고 앞으로 나아갈 수 있다.

너를 사랑하는 아버지가
John Davison Rockefeller

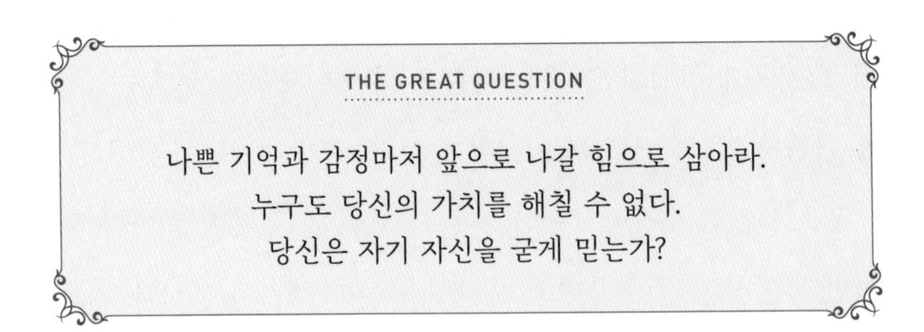

30th Letter

악당에게 발목 잡히지 마라

1902년 5월 11일
사랑하는 아들 존에게

친구들과 교류하다 보면 자신의 생각과 개념이 조금씩 바뀐다는 사실을 알 거다. 좋은 친구들은 삶에 관심을 기울이고 영역을 넓히거나, 자신감을 찾고 인생의 목표를 이루는 데 도움이 된다. 그러니 관계를 더욱 넓히는 편이 좋다. 하지만 어떤 사람들과는 어울릴 가치가 없다. 나는 어릴 때부터 두 가지 유형에 속한 사람들을 피했다.

첫 번째 유형은 현재에 안주하는 사람들이다. 이런 사람들은 자기는 딱 이 정도라고 믿으며 비범한 업적은 운 좋은 사람들의 전유물이라고 생각한다. 이들에게는 성공이라는 축복이 찾아오지 않는다. 이들은 어정쩡한 태도를 보이며, 안정적일지는 몰라도 평범하기 짝이 없는 자리를 고수하려고 한다. 발전하고 성장하려면 도전해야 한다는 사실을 알지만 자기는 큰일을 해낼 수 없다고 믿는 것이다.

현명한 사람은 자리에 주저앉아 운명을 탓하지 않는다. 하지만 이런 사람들은 운명을 탓할 뿐 주어진 것에 감사하지 않는다. 자기가 중요하고 가치 있는 사람이라고 여기지도 않는다. 그들은 최선을 다할 줄 모르고, 스스로 격려할 줄 모르며, 나쁜 생각이 마음을 지배하도록 내버려둔다.

두 번째 유형은 끝까지 도전하지 못하는 사람들이다. 이들은 처음에는 성공하길 바라며 이것저것 준비하고 계획을 세운다. 하지만 몇 년이나 수십 년이 흘러 더 높은 수준에 도전할 때가 오면 도전을 이어가지 못하고 포기해버린다. 이런 사람은 '나는 평균보다 많이 벌고, 평균보다 나은 삶을 산다'라며 자기 자신을 속인다. 굳이 지금 상황에 불만을 품고 위험을 감수할 필요가 없다고 여기는 것이다.

이런 사람들은 늘 두려움을 품고 있다. 그들은 실패를 두려워하고, 다른 사람에게 거절당하기를 두려워하고, 사고가 날까 봐 두려워하고, 가진 걸 잃을까 봐 두려워한다. 만족하지 못하면서도 지금 상황에 안주한다. 이런 사람들은 재능이 있으면서도 위험에 맞서지 않기에 인생을 무미건조하게 보낸다.

이 두 유형에 속하는 사람들은 독이나 다름없는 생각을 품는다. 이런 생각은 흔히 말하는 부정적 사고방식으로, 전염성이 아주 강하다. 나는 항상 성격이나 야망, 지위는 평소 어울리는 사람에게서 영향을 받는다고 생각해왔다. 보잘것없는 사람들과 어울리면 쓸데없는 버릇이 늘어난다.

반면 성공한 사람들에게 꾸준히 좋은 영향을 받으면 생각하는 수준이 높아진다. 야망 넘치는 사람과 자주 만나면 성공에 필요한 야망을 품고 행동으로 이어갈 수 있다. 그런 의미에서 나는 절대 포기하지 않는 사람들을 친구로 삼는다. 어느 현명한 사람이 이렇게 말했다.

“나는 끔찍한 역경에 도전하고 싶습니다. 어느 현명한 사람이 그런 태도야말로 성공으로 향하는 길이라고 말했기 때문입니다.”

하지만 이런 사람은 아주 드물다. 이런 사람은 비관론에 신경 쓰지 않으며 어떤 방해에도 무릎 꿇지 않는다. 인생을 무난하게 흘려보내려 하지도 않는다. 이들은 성공을 삶의 목표로 삼고 소원을 이룰 수 있다고 낙관한다. 이런 사람은 어떤 분야에서든 쉽게 최고가 될 수 있고, 인생을 즐기며 삶의 가치를 안다. 또 새로운 아침과 만남을 즐기고 풍요로운 삶을 위한 경험으로 여기며 기꺼이 받아들인다. 이런 사람만이 성공할 수 있고, 기대하는 결과를 얻을 수 있다. 모두 이렇게 살아가면 좋겠다.

안타깝게도 부정적인 사람들은 어디에나 있다. 많은 사람이 부정의 포위망에서 벗어나지 못한다. 우리 주변에는 소극적이고 보수적인 사람, 공격적인 사람 등 다양한 유형이 있다. 나와 함께 일하는 사람 중에는 단순히 생계만 유지하면 그만이라는 사람도 있고, 야망을 품고 더 나은 성과를 내려 애쓰는 사람도 있다. 이런 사람은 큰사람이 되기 전에 좋은 제자가 돼야 한다는 사실을 안다.

성공하려면 함정에 빠지거나 올무에 걸리지 않도록 조심해야 한다. 스스로 성공하길 바라지도 않으면서 남이 더 높은 단계로 올라가는 길을 막는 사람들은 어디에나 있다. 많은 사람이 자신의 야망 때문에 조롱당하거나 지레 겁을 먹는다. 그를 질투하는 사람들도 있다.

네가 열심히 일하고 그들을 뛰어넘고자 애쓴다면, 그들은 너를 속이려 하고 업신여길 터다. 우리는 남들이 지루하고 부정적인 사람이 되지 않게 막을 수 없지만, 그들에게 영향을 받아 생각하는 수준을 낮춰선 안 된다. 물가에 떠다니는 청둥오리처럼 자연스럽게 스쳐 지나가라. 언제나 자기 생각을 따르고 앞으로 나아가는 사람은 결국 성장하고 발전한다. 굳세게 마음먹으면 뭐든

할 수 있고, 해야 한다.

선한 마음으로 열심히 일하는 사람의 바짓가랑이를 붙잡는 물귀신 같은 사람들도 있다. 그들은 자기 손에 쥔 게 아무것도 없으니 남들 또한 아무것도 이루지 못하게 끌어내리려 한다.

존, 네게 할 수 없다고 말하는 사람들은 아무것도 이루지 못했고, 앞으로도 성공할 수 없다는 사실을 기억해라. 그들이 이룬 업적은 기껏해야 평범한 수준에 그칠 뿐이다.

그런 사람들이 내놓는 의견은 해롭기만 하지. 할 수 없다고 끌어내리는 사람들을 피해라. 그들의 방해를 밟고 나아갈 디딤돌로 삼아라. 이런 사람들은 어디에나 있다. 그들은 다른 사람이 발전하려고 애쓰는 걸 방해하는 데 온 힘을 기울인다. 부정적인 사람들에게 신경 쓰지 마라. 성공 계획을 망치지 않도록 주의해라. 질투하고 비웃는 사람들은 네가 넘어지는 꼴을 보려고 할 뿐이다. 그럴 기회를 주지 마라.

어려움을 만나면 도움을 구할 수 있는 가장 훌륭한 사람을 찾아가라. 패배자에게 조언을 구한다면 돌팔이 의사에게 불치병을 고쳐달라고 부탁하는 셈이다.

젊은이들에게 주어진 미래는 아주 중요하다. 전망과 목표가 없는 사람에게 질문하지 말고 주변 환경에 주의를 기울여라. 음식이 몸에 힘을 주듯, 이런 활동은 정신 건강에 이바지한다. 환경이 업무를 방해하지 않게 해라. 그들이 발목을 잡아당기며 성공을 향해 가는 속도를 늦추도록 내버려두지 마라.

성공에 도움이 되는 환경을 만들고 싶다면 긍정적인 마음으로 성공을 이룬 사람들을 가까이해라. 부정적인 사람들과는 교류를 줄여라. 성공을 이루려면 모든 것을 완벽하게 준비해야 한다. 탐욕과 손실 탓에 괜한 부담을 짊어져서는 안 된다.

너를 사랑하는 아버지가
John Davison Rockefeller

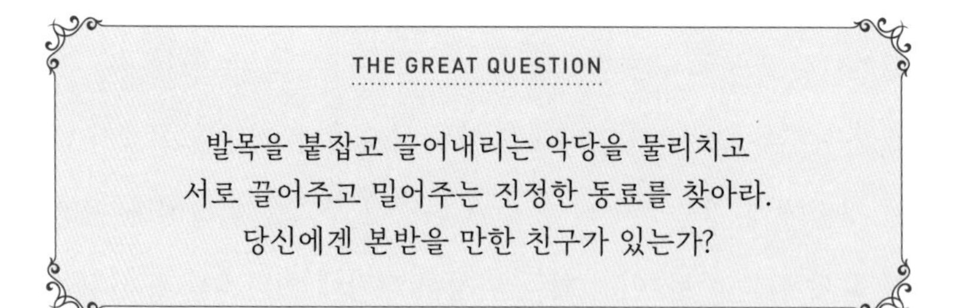

THE GREAT QUESTION

발목을 붙잡고 끌어내리는 악당을 물리치고
서로 끌어주고 밀어주는 진정한 동료를 찾아라.
당신에겐 본받을 만한 친구가 있는가?

31st Letter

믿음은
금과 같다

1903년 6월 7일
사랑하는 아들 존에게

재능 있는 사람이 발휘하는 지혜가 기적을 만든다는 말은 사실이다. 그러나 기적을 만들어내는 사람은 극소수고, 평범한 사람이 대부분이다.

흥미롭게도 모두가 더 많은 일을 하고 가장 좋은 걸 얻으려 한다. 누구도 남에게 아부하며 평범한 삶을 살길 바라지 않는다. 자기가 이류라고 생각하거나 물러서야 할 상황에 내몰리길 원하지도 않는다. 진정한 재능이 뭔지 모르기 때문일까? 아니다! 성공을 다루는 가장 실용적인 지혜는 오래전부터 성경에 기록돼 있다.

'흔들리지 않는 믿음은 산도 움직일 수 있다.'

그런데 왜 패자가 그리도 많을까? 모두가 승리와 성공을 바라지만, 정작 패배에서 벗어날 수 있다고 굳게 믿는 사람은 드물기 때문이다. 사람들 대부분은 그 거룩한 교훈이 터무니없는 생각이라고 여기며, 그저 불가능한 일이라고 생각한다. 나는 구원받지 못한 이 사람들이 뻔한 실수를 저질렀다고 생각한다. 그들은 믿음과 희망을 헷갈린다. 희망으로는 산을 옮길 수 없고, 희망에만 기대서는 승리하거나 발전할 수 없다. 부와 지위를 거머쥘 수도 없다. 이는 진실이다.

하지만 믿음에서 비롯된 힘은 우리가 산을 옮기는 데 도움이 된다. 우리가 성공할 수 있다고 믿는 한 그렇다. 내가 믿음의 힘을 기적이나 신비로 생각한다고 여길 수도 있겠지만, 절대 그렇지 않다! 자신감은 '나는 할 수 있다!'라고 믿는 긍정적인 태도를 가져온다.

할 수 있다고 믿는 태도는 그 일을 정말로 해내는 데 필요한 능력과 기술, 힘을 낳는다. 할 수 있다는 믿음을 가지면 자연스럽게 문제를 해결할 방법이 떠오르고, 그 문제를 멋지게 해결하는 순간 성공이 이뤄진다. 이게 바로 자신감이 엄청난 힘을 발휘하는 과정이다.

누구나 언젠가는 최고 수준에 다다라 성공이라는 열매를 맛보길 바란다. 하지만 대부분은 자신감과 결단력이 모자라 정상에 오르지 못한다. 또 스스로 다다를 수 없다고 믿는 사람들은 애초에 정상까지 갈 수 없는 곳에서 길을 찾는다. 그러니 행동이 평범한 사람들 수준에 머무른다.

하지만 내 친구들 중 몇몇은 언젠가 반드시 성공할 수 있다고 믿는다. 그들은 '나는 정상에 오른다'라는 마음가짐으로 여러 과제를 수행하고 강한 자신감으로 목표를 이뤄낸다. 나도 그런 사람 중 하나다.

나는 가난한 유년 시절에도 세계에서 가장 위대한 부자가 되리라 확신했다. 이토록 강한 자신감은 실현할 수 있는 다양한 계획과 방법, 수단과 기술을 생각해내고 석유 왕국에서 한 걸음씩 올라가 정상에 이르도록 나를 격려했다.

나는 실패가 성공의 어머니라고 믿지 않았다. 믿음이야말로 성공의 아버지라고 여겼다. 승리도 실패도 습관이다. 성공하길 원한다면 꾸준히 승리를 이뤄야 하지. 나는 한두 번 이긴다고 만족하지 않는다. 내가 원하는 건 꾸준한 승리다. 오직 그 길을 통해서만 강해질 수 있기 때문이다.

넘치는 자신감과 훌륭한 결과를 얻으리라는 믿음은 위대한 경력, 책, 대본, 과학기술을 빚어내는 원동력이다. 또 승리를 향한 믿음은 성공한 사람들의 핵심이자 꼭 필요한 절대적 요소다. 그러나 패자는 이런 믿음을 저버린다. 나는 사업에 실패한 많은 사람에게서 수없이 변명을 들었다. 패자들은 자기도 모르게 이렇게 말하곤 한다.

"솔직히 잘될 거라곤 생각하지 않았어요."

"시작하기 전부터 불안한 마음이 들었어요."

"사실 실패한 건 그리 놀라운 일이 아닙니다."

"한번 해보긴 하겠지만 성과는 없을 것 같아요."

이런 태도를 취하면 대부분 실패로 이어진다. '불신'은 곧 부정적인 힘이다. 의심이 생기면 자기도 모르게 그러한 불신을 뒷받침할 다양한 이유를 떠올리게 된다. 의심, 불신, 성공에 대한 열망 부족 등은 실패로 이어지게 하는 주원인이다. 의심하는 순간 실패에 한 발 더 가까워진다. 반대로 승리를 믿는다면 반드시 성공한다. 그러니 가장 멋진 미래만을 머릿속에 그려라.

성취하는 수준은 자신감에 따라 달라진다. 아무것도 할 수 없다고 믿으며 하루하루 살아가는 사람들은 아주 작은 것만 얻을 수 있다. 그들은 자기가 위대한 일을 할 수 없다고 믿기에 실제로도 해낼 수 없다. 그들은 늘 자신이 별로 중요하지 않으며 자기가 하는 일도 사소하다고 생각한다.

이런 상태로 시간이 지나면 그들의 말과 행동에서 자신감이 부족하다는 것이 드러난다. 자신감을 기르지 못하면 판단은 위축되고 점점 더 하찮은 존재가 된다. 그러다 보면 다른 사람들도 그 사람을 얕잡아 보게 된다.

앞으로 나아가고, 스스로 더 큰 가치를 지녔다고 생각하는 사람은 큰 보상을 받는다. 이런 사람은 자기가 어려운 일을 감당할 수 있고, 실제로 해낼 수 있다고 믿어 의심치 않는다. 그가 하는 모든 일, 다른 사람을 대하는 태도, 성격, 생각, 의견은 모두 그가 없어서는 안 될 중요한 사람이자 전문가라는 사실을 증명한다. 믿음은 자기가 걸어갈 길을 비추고, 끊임없이 용기를 북돋고, 삶을 긍정적으로 바라보게 만드는 힘이다.

언제나 자신감을 높이는 데 힘쓴다면 실패에 관한 걱정까지도 성공을 이루겠다는 믿음으로 바뀐다. 그러면 어려운 상황을 만나도 '질 수도 있다' 대신 '이길 수 있다'라고 생각하게 된다. 다른 사람과 경쟁할 때는 '나는 그들에게 비할 바가 못 된다'가 아니라 '나는 그들만큼 잘한다'라고 생각해야 한다. 기회가 오면 '나는 못 해!' 대신 '나는 해낼 수 있어!'라고 생각해야 한다. 이것이 바로 승리의 비결이다.

성공을 향해 가는 첫걸음이자 절대 놓쳐서는 안 될 기본 단계는 바로 성공할 수 있다는, 자기 스스로에 대한 믿음이다. '나는 성공한다'라는 핵심 생각이 사고방식을 이끌어가게 해야 한다. 성공에 대한 믿음은 성공하는 데 필요한 계획을 세우는 데 영감을 주고, 실패에 대한 생각은 실패로 이어지는 아이디어만 떠오르게 한다. 나는 꾸준히 이렇게 되뇐다. 너 역시 이렇게 다짐하길 바란다.

'나는 생각보다 괜찮은 사람이다. 성공한 사람은 결코 초능력자가 아니다. 성공에는 특출난 지능이 필요하지 않고, 행운이 따라야 하는 것도 아니다. 미스터리도 없다. 성공한 사람들은 그저 자기 자신을 믿고 자기가 하는 일을 긍정하는 평범한 사람일 뿐이다. 절대로 너 자신을 싸게 팔지 마라.'

모든 사람은 자기 생각의 산물이다. 네가 생각하는 목표의 크기만큼 결과가 따라온다. 큰 목표를 긍정적으로 생각하는 사람만이 큰 성공을 거둘 수 있다. 훌륭한 아이디어와 큰 계획은 오히려 작은 계획보다 실행하기 쉽다.

사업, 글쓰기, 운동, 연기 등 성취를 추구하는 분야에서 정점에 다다른 사람들은 모두 자기계발에 힘쓰고 스스로 세운 성장 계획을 끈기 있게 따른다. 이 훈련 프로그램은 가족의 존경, 친구나 동료의 칭찬, 자기에게 유용한 요소, 중요한 사람이 되는 데 따르는 보상, 생활수준을 높이는 수입 증가와 재평가 등 온갖 보상을 가져다준다.

성공과 성취는 인생의 최종 목표다. 소중한 목표를 이뤄내려면 믿음직하고 적극적인 사고방식을 소중히 여겨야 한다. 물론 나는 어느 순간이든 내 신념과 행보가 잘못된 방향으로 가도록 내버려 두지 않을 터다.

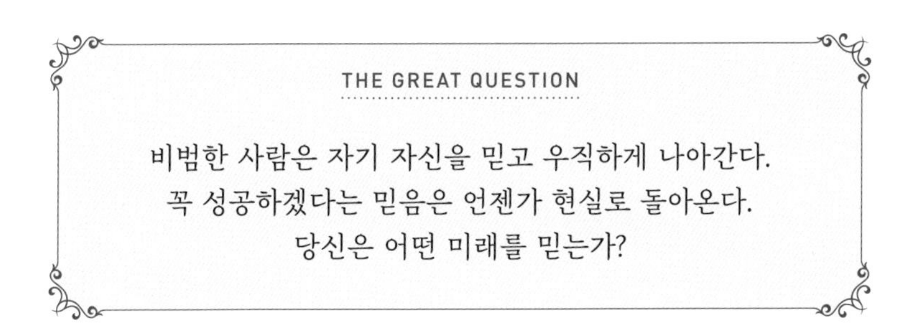

32nd Letter

절대
변명하지 마라

1906년 4월 15일
사랑하는 아들 존에게

스코필드 선장이 내기 골프에서 또 지고 말았다. 선장은 화가 나서 골프채를 하늘 높이 던져버렸지. 결국 골프채를 새로 사게 되었고. 나는 그의 승부욕이 마음에 든다. 인생의 목표는 승리다. 골프도 마찬가지지. 그래서 그에게 골프채를 사주려고 한다. 화를 낸 덕에 골프채가 생겼다고 생각하지는 않았으면 좋겠구나. 만약 그렇게 받아들인다면 선장은 내키는 대로 화를 내는 문제아가 될 테고, 기껏 선의를 베푼 나는 머쓱해질 테니 말이다.

선장에게는 그 밖에 여러 장점이 있다. 그는 패배는 물론 비참하지만 승리가 전부는 아니며, 이기려 노력하는 과정이 가장 중요하다고 믿는다. 그래서 선장은 지고 나서도 변명하지 않았다. 나이가 들고 체력이 떨어져 어쩔 수 없다고 변명할 수도 있었지만 선장은 절대 그런 식으로 빠져나가지 않는다.

내 생각에 변명하는 습관은 정신 질환이나 다름없다. 이 병이 있는 사람들은 하나도 빠짐없이 패배자야. 물론 사람들 대부분이 변명하곤 하지. 하지만 성공한 사람은 변명하지 않는다. 모든 일을 잘 풀어나가는 사람과 아무것도 이루지 못하는 사람의 가장 큰 차이점은 변명을 대하는 태도다.

자세히 살펴보면 아무것도 이루지 못했거나 그럴 계획도 없는 사람들은 성공하지 못한 이유, 시도하지 않은 이유, 자기가 무능한 사람이 아닌 이유를 늘 주머니에 담아놓는다. 패배자가 상황을 해결하려고 취하는 첫 번째 행동은 실패한 원인을 찾는 일이다. 변명이란 약자가 택하는 행동이다. 물론 그것이 실패한 원인일 수도 있지. 패배자는 '훌륭한 변명거리'를 찾으면 그대로 물고 늘어져 자기 자신과 다른 사람들에게 '왜 더 이상 노력할 수 없는지', '왜 성공할 수 없는지' 떠들어댄다.

처음에는 이 모든 게 변명에 불과하다는 사실을 자신도 안다. 하지만 나중에는 스스로 변명이 아니라 사실이라고 믿는다. 결국 머릿속은 게을러지고 굳어버린다. 승리하기 위해 열심히 일하려는 마음도 사라진다. 하지만 이들은 자기가 변명한다는 사실을 절대 인정하지 않는다. 벌떡 일어나 이렇게 말하기도 한다.

"저는 제 힘으로 성공했습니다."

나는 지금까지 자기가 실패자라고 말하는 사람을 본 적이 없다. 패배자는 늘 변명을 늘어놓는다. 자기가 실패한 원인을 가족, 성격, 나이, 환경, 시간, 피부색, 종교, 타인, 심지어 풍수지리나 운수에서 찾는다. 그중에서도 최악은 건강, 지식, 운을 탓하는 변명이다. '건강이 좋지 않다', '병에 걸렸다'라는 말은 일하지 않거나 실패하는 이유로 자주 거론된다. 하지만 완벽하게 건강한 사람은 없고 누구에게나 하나쯤은 문제가 있다.

많은 사람이 건강을 핑계로 굴복하지만, 성공하겠다고 결심한 사람은 그러지 않는다. 게이츠 씨가 소개해준 사람 중 여행하다 한쪽 팔을 잃은 대학교수가 있었다. 그는 낙관주의자답게 자주 웃고 다른 사람을 돕는다. 교수는 그날 자기 팔에 대해서 이렇게 말했다.

"저는 팔이 하나뿐입니다. 물론 하나보다는 둘이 낫죠. 하지만 팔 한쪽만 없을 뿐, 정신은 100퍼센트 온전합니다. 정말 감사한 일이죠."

이런 태도를 잘 보여주는 속담도 있다.

'나는 망가진 신발 때문에 짜증이 났다. 발이 없는 사람을 만나

기 전까지는 말이다.'

불편한 점을 두고 불평하기보다 다른 일에 감사하는 편이 낫다. 다른 여러 질병과 장애가 없다는 데 감사해라. 나는 종종 스스로 되뇐다.

"일을 내버려두기보다는 지칠 때까지 도전하는 게 낫다."

우리는 인생을 즐겨야 한다. 건강이 나빠질까 걱정하며 시간을 낭비하고 정말로 아프기까지 하다면 더욱 불행할 뿐이다.

"나는 그렇게 똑똑하지 않다"라는 변명도 아주 흔하다. 95퍼센트에 달하는 사람이 이 문제를 달고 산다. 하지만 이런 변명은 입 밖에 내지 않고 마음속으로만 생각한다.

나는 사람들 대부분이 자기 지식을 과소평가하고 남의 지식을 과대평가한다는 사실을 알아냈다. 이는 애초부터 잘못된 태도다. 이런 태도 탓에 많은 사람이 자기 자신을 얕본다. 그리고 어려운 일에 도전하려면 아주 큰 재능이 필요하다고 여긴다.

스스로 멍청하다고 생각하는 사람은 정말로 멍청해진다. 스스로 성공할 만한 재능이 있는지 생각해볼 필요도 없다. 도전할 용기만 있다면 얼마든 잘할 수 있다는 사실을 깨달아야 한다.

정말 중요한 점은 얼마나 똑똑한지가 아니라 자신이 갖춘 능력을 어떻게 쓰는가다. 좋은 사업가에겐 번개 같은 속도도, 놀라운 기억력도, 최고로 높은 학교 성적도 필요 없다. 중요한 것은 사업에 대한 관심과 열정뿐이다.

흥미와 열정은 성공과 실패를 판가름하는 중요한 요소다. 열정을 품는 만큼 좋은 결과가 따라온다. 열정은 일을 백 배, 천 배 더 잘하게 해준다. 그렇지만 많은 사람이 열정이 뭔지 모른다. 열정이란 "정말 대단하다!"라고 감탄할 법한 의지와 추진력이다. 재능은 있지만 비관하고 소심하며 이기적인 사람보다 평범하지만 낙관적으로 긍정하며 협조하는 사람이 더 큰돈을 벌고 존경받는다.

일이 사소하든 어렵든, 중대한 계획을 세우고 열정을 발휘하며 몸 바쳐 일한다면 똑똑하지만 게으른 사람보다 훨씬 좋은 결과를 얻는다. 집중력과 인내심은 인간의 능력에서 95퍼센트를 차지하는 엄청난 힘이기 때문이다.

어떤 사람들은 늘 비관하며 한숨을 내쉰다. 재능 있는 사람조차 수없이 실패하는 이유가 뭘까? 그 원인이 바로 여기에 있다. 성공할 방법을 찾는 대신 안 되는 이유를 늘어놓는다면 아주 똑똑한 사람이라도 실패라는 운명을 맞이한다. 부정적인 생각은 지식에도 영향을 미쳐 아무것도 이룰 수 없게 만든다. 사고방식을 바꾸기만 하면 위대한 일을 얼마든지 해낼 수 있다.

좋은 결과를 얻길 바라면서도 제대로 생각하지 않는 두뇌는 싸구려일 뿐이다. 지식수준보다 지식을 바르게 쓰도록 이끄는 사고방식이 훨씬 중요하다. 아무리 좋은 교육을 받았다 해도 이 성공

법칙을 바꿀 수는 없다. 타고난 재능과 교육 수준이 좋은 성과를 내는 게 아니다. 성공은 어떻게 생각하느냐에 달렸다.

최고의 사업가는 결코 근거 없이 걱정하지 않는다. 그들은 언제나 열정이 넘친다. 더 좋은 인재를 찾기는 어렵지만, 인재를 활용하는 방법을 바꾸기는 쉽다. 많은 사람이 '아는 게 힘'이라고 믿는다. 이 말은 반은 맞고 반은 틀리다. '지식이 부족하다'라는 핑계를 입에 달고 다니는 사람들도 이 말뜻을 잘못 알고 있다. 지식은 잠재 능력일 뿐, 제대로 쓰일 때만 힘을 발휘한다. 달달 외우기만 하고 생각할 줄 모르는 '전문가'는 필요 없다. 그래서 스탠더드 오일 컴퍼니에 '걸어 다니는 백과사전' 같은 인물은 없다.

나는 문제를 해결하고 다양한 아이디어를 낼 줄 아는 사람, 꿈이 있고 그 꿈을 이룰 용기를 품은 사람을 원한다. 창의력 넘치는 사람은 돈을 벌지만, 정보만 외우는 사람은 한 푼도 손에 쥐지 못한다. 자기 재능을 과소평가하지 않고, 남의 재능을 과대평가하지 않고, 자기 자산을 활용하며 뛰어난 재능을 찾는 데 집중하는 사람이 성공한다. 얼마나 많은 재능을 계발할지가 아니라 가지고 있는 재능을 어떻게 활용할지 생각하는 사람은 스스로 이렇게 되뇐다.

"지식보다 정신력이 더 중요하다."

이런 사람은 '나는 이긴다'라는 믿음을 굳히려 애쓰고, 재능과 지식을 발휘해 실패할 이유가 아니라 성공할 방법을 찾는다. 무작정 외우기보다 스스로 생각하는 쪽이 가치 있음을 알기에 새로운 아이디어를 내고 발전시키며, 더 나은 방법을 찾고, 스스로에게 이렇게 묻는다.

"나는 새로운 역사를 쓰고자 마음을 쏟고 있는가? 다른 사람이 만든 역사를 곧이곧대로 기록하는 데 그치지는 않는가?"

모든 일에는 이유가 있다. 우연은 없다. 많은 사람이 운이 나빠 실패했다고 변명한다. 그러고는 다른 사람이 성공하는 모습을 보면 운이 좋은 덕이라고 생각한다. 신중하게 준비한 계획과 행동은 운에 좌우되지 않는다. 나 또한 행운과 불운을 믿지 않는다. 일을 할 때 운에만 따른다면 모든 사업이 무너지겠지.

스탠더드 오일 컴퍼니가 오직 운에 따라 조직을 재구성한다고 치자. 쪽지에 전 직원의 이름을 적고 큰 양동이에 모아 첫 번째로 뽑힌 사람을 사장으로, 두 번째로 뽑힌 사람을 부사장으로 임명하는 꼴이다. 우스꽝스럽지 않으냐? 운은 바로 이런 식으로 움직인다.

나는 절대로 운에 굴복하지 않고 인과관계만 믿는다. 운이 좋은 사람을 자세히 살펴보면 운이 아니라 준비, 계획, 긍정적인 생각이 아름다운 성공을 가져다준다는 걸 알 수 있다. 반대로 운 나쁜 사람을 보면 그 뒤에 '운이 나쁜' 분명한 이유가 있다.

성공한 사람들은 좌절해도 다시 일어서고 실패에서 배우며 새로운 기회를 만든다. 평범한 사람들은 종종 낙담한다. 운으로만 성공할 수는 없다. 노력이라는 대가를 치러야 성공할 수 있다.

나는 행운이나 다른 요소에 의존하지 않기에 스스로를 계발하고 '승자'에 걸맞은 자질을 키우는 데 집중한다. 변명은 사람들을 성공에서 멀리 떼어놓는다. 실패하는 이유 중 99퍼센트는 변명하는 데 익숙해진 탓이다. 그러니 성공을 거머쥐는 과정에서 가장 중요한 점은 변명하지 않는 것이다.

너를 사랑하는 아버지가
John Davison Rockefeller

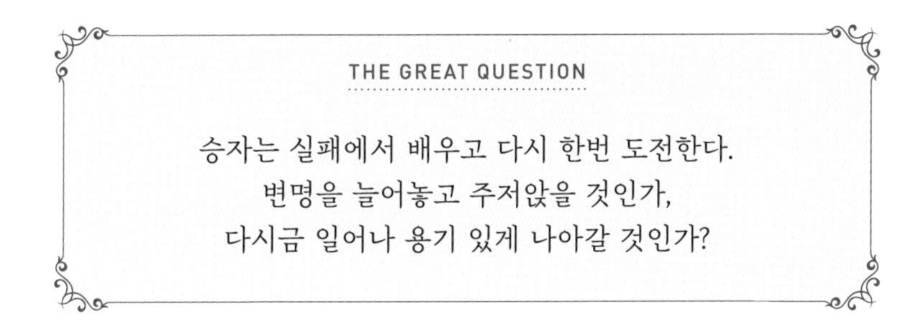
THE GREAT QUESTION

승자는 실패에서 배우고 다시 한번 도전한다.
변명을 늘어놓고 주저앉을 것인가,
다시금 일어나 용기 있게 나아갈 것인가?

33rd Letter

누구나 위대해질 수 있다

1906년 6월 8일
사랑하는 아들 존에게

마태복음에는 이런 말씀이 있다.

'너희는 세상의 소금이다!'

이 은유는 평범하지만 생각을 자극한다. 소금은 짭짤한 맛을 낼 뿐만 아니라 음식을 깨끗이 보존하는 역할도 한다. 그리스도께서는 제자들에게 어떤 사명을 짊어지고 영향력을 발휘할지 가르치려고 하셨다. 그들은 주변을 정화하고 아름답게 하고자 세상에 왔다. 그들은 세상을 부패에서 보호하고 더 생생하며 건강한 삶을 퍼뜨리길 바랐다.

소금의 주된 역할은 짠맛을 내는 일이다. 소금에서 나오는 짠맛은 고귀하고 강력하며, 진정한 종교적 삶을 상징한다. 그렇다면 우리는 부와 원칙, 신념을 무엇에 써야 할까? 의심할 여지 없이, 우리는 소금이 되어 사회에 봉사하고 세상을 이롭게 해야 한다. 이것이 각자에게 주어진 마지막 사회적 책임이다.

이제 우리에게 주어진 책임은 세상과 주변 사람들에게 헌신하고 나눔이라는 예술에 집중하는 일이다. 이보다 더 위대한 일은 없다. 위대함을 논하다 보니 내 인생에 다시 없을 연설이 떠올랐다. 위대함은 사람들과 조국을 위해 뭘 하느냐에 달렸다. 이 위대한 연설을 전하니 도움이 되길 바란다.

너를 사랑하는 아버지가
John Davison Rockefeller

위대한 연설

신사 숙녀 여러분!

오늘 여기에서 중요한 분들을 뵙게 되어 영광입니다. 비록 여러분은 이 도시에 중요한 사람은 없다고 말할지도 모르지만 말입니다. 중요한 사람들은 모두 런던, 샌프란시스코, 로마 또는 다른 대도시에서 태어나고 이 지역이 아니라 저 밖에서 온다고 생각할지도 모릅니다.

만약 그렇게 생각한다면, 당신은 아주 잘못 생각하고 있습니다. 다른 도시와 마찬가지로 여기에도 중요한 사람이 많습니다. 여러분 사이에도 유명인이 많겠죠.

우리가 누군가를 판단할 때 종종 저지르는 실수는, 중요한 사람은 넓은 사무실에서 일한다고 생각하는 겁니다. 여러분은 세상에서 가장 위대한 사람이란 어떤 인물인지 모릅니다. 어떤 젊은이는 이렇게 묻겠죠.

"그렇다면 세상에서 가장 위대한 사람은 누굽니까?"

위대한 사람이라고 꼭 고층 빌딩에 사무실을 두지는 않는다고 말씀드려야겠군요. 어떤 사람이 위대하다고 칭송받는 것은 그가 추구한 가치 때문입니다. 그가 얻은 직위와는 아무 관련이 없죠. 가만히 앉아 음식을 받아먹는 왕이 열심히 일하는 농부보다 위대하다고 말할 수 있습니까? 그렇다고 높은 자리에 오른 사람이 곧 위대한 인물이라고 생각하는 젊은이들을 탓하지는 맙시다.

자, 여기 계신 모든 분께 묻겠습니다. 위대한 사람이 되고 싶으신가요? 카우보이 모자를 쓴 저 젊은이는 언젠가 이 도시에서 큰 인물이 되겠다고 했죠. 그 소원은 언제 이룰 건가요? 또 다른 전쟁이 일어나면 총알이 빗발치는 전쟁터로 돌격해 적의 깃발을 끌어내리겠다고 했죠? 그러면 가슴에 훈장을 달고 승리의 영광을 누리며 조국으로 돌아와 공직을 맡을 겁니다. 그야말로 거물이 되겠군요. 정말 그런가요? 아니, 아닙니다. 하지만 우리는 이런 생각을 비난해선 안 됩니다. 저 젊은이는 학교에서 그렇게 배웠습니다.

지금 공직자들은 예전에 용감히 전쟁에 뛰어들었습니다. 스페인 전쟁이 끝나자 우리 도시에서 퍼레이드가 열리기도 했죠. 행렬이 거리를 지날 때 마차 한 대가 우리 집 앞에 멈췄다고 하더군요. 거기에는 그 유명한 홉슨 함장이 타고 있었어요. 제가 그 자리에 있었다면 "홉슨 함장 만세!"라고 외쳤을 겁니다. 홉슨 함장은 칭송받을 자격이 있으니 말입니다. 그런데 제가 내일 대학에 가서 모두에게 이렇게 묻는다고 가정해봅시다.

"여러분, USS 메리맥호를 침몰시킨 사람은 누구입니까?"

사람들은 이렇게 대답하겠죠.

"홉슨 함장입니다!"

USS 메리맥호를 침몰시킨 사람은 총 여덟 명이었고, 홉슨 함장을 제외한 일곱 명은 스페인의 포격을 받았습니다. 그러니 USS 메리맥호를 침몰시킨 사람이 홉슨 함장이라는 대답은 8분의 7만큼 틀렸습니다. 홉슨 함장은 아마도 함장이었기 때문에 뒤로 물러나 포격을 피했을 겁니다.

여기 모인 분들은 모두 지성인이지만, 저는 감히 말할 수 있습니다. 여러분 중 누구도 홉슨 함장과 함께 싸운 일곱 명의 이름을 모를 겁니다. 왜 역사를 이런 식으로 가르칠까요? 우리는 학생들을 이렇게 가르칩니다. 아무리 직위가 낮더라도 책무를 수행하는 한, 누구에게나 왕에 버금가는 영예가 주어진다고 말입니다. 그러나 사람들 대부분은 아이들을 이런 식으로 가르칩니다. 어린 아들이 이렇게 묻습니다.

“엄마, 저 높은 건물은 뭐예요?”

그러면 이렇게 답하겠죠.

“그랜트 장군의 무덤이란다.”

“그랜트 장군이 누구예요?”

“반란을 진압한 영웅이야.”

어떻게 이런 식으로 역사를 가르칠까요? 여러분, 그랜트 장군 혼자서도 전쟁에서 이길 수 있었을까요? 물론 아니죠. 그렇다면 왜 허드슨강에 무덤을 만들었을까요?

그랜트 장군만이 위대해서가 아닙니다. 그가 나라를 위해 목숨을 잃은 군인 20만 명을 대표하기 때문이죠. 20만 명이 그랜트 장군만큼 위대하게 싸웠기에 무덤을 세운 겁니다. 이것이 바로 허드슨강에 아름다운 무덤이 들어선 까닭입니다.

이에 관해 말씀드릴 만한 이야기가 떠오르는군요. 제게는 너무나 부끄럽고 잊을 수 없는 사건입니다. 저는 지금 눈을 감고 1863년으로 돌아갑니다. 버크셔 언덕에 놓인 제 집이 보이고, 시장과 교회, 시청은 사람들로 가득 찼습니다. 악단이 연주하고 국기가 펄럭이며 손수건이 바람에 휘날리는 소리가 들렸죠. 그날 기억이 아직도 생생합니다. 군중은 군인들을 환영하고자 모였습니다. 남북전쟁에서 복무한 이들이 승리하고 돌아온 것입니다. 그들은 이제 고향 어르신들께 환영받고 있습니다.

저는 나이 어린 중대장이었습니다. 그날 저는 부풀어 오른 풍선처럼, 가느다란 바늘 하나에도 터질 것처럼 벅찬 승리의 기운을 느꼈습니다. 부대 행렬의 선두에 선 저는 그 상황이 너무나도 자랑스러웠습니다. 우리는 시청 앞에 줄을 섰습니다. 제 병사들은 광장 중앙에 앉았고 저는 맨 앞줄에 있었습니다.

곧 군중 속에서 마을 관리들이 나타났습니다. 그들은 무대로 걸어가 반원 모양으로 앉았습니다. 다음으로 시장이 모습을 드러냈습니다. 그는 백발이 성성한 노인이었고, 시장이라는 공직을 맡았기에 스스로 위대한 사람이라고 믿었습니다.

그는 일어서서 묵직한 안경을 고쳐 쓰더니 위엄 넘치는 자세로 무대 아래 사람들을 둘러봤습니다. 그 시선과 눈이 마주치자, 친절한 노인은 제게 다가와 마을 관리들과 함께 앉으라고 권했습니다. 저를 무대로 초대했단 말입니다! 입대하기 전에는 마을 관리 중 누구도 저를 알아보지 못했습니다. 저는 무대 앞에 서서 칼을 바닥에 내려놨습니다. 나폴레옹 5세가 된 것 같은 기분이었죠! 교만은 언제나 파멸과 실패보다 먼저 찾아옵니다.

이때 시장이 시민을 대표해 연설하며 승리를 거둔 우리 부대를 환영했습니다. 시장은 주머니에서 연설문을 꺼내 강단에 펼치고 다시 한번 안경을 고쳐 썼습니다. 그는 강단 뒤편에서 몇 걸음 옮기고는 앞으로 다가섰습니다. 왼발에 체중을 싣고 오른발을 약간 내밀었죠. 어깨를 뒤로 젖히고 입을 크게 벌리며 연설자다운 자세를 취했습니다. 원고를 꼼꼼히 살펴본 것 같았죠. 그는 이렇게 말했습니다.

"시민 여러분, 우리는 피를 두려워하지 않는 용감한 전사들을 맞이했습니다. 고향으로 돌아온 용사들을 환영하게 되었습니다. 특히 오늘 우리와 함께하는 분들을 만나 기쁩니다. 여기 젊은 영웅이 있습니다. 우리는 이 영웅이 적과 벌인 필사적인 싸움에서 군대를 이끄는 모습을 봤습니다. 우리는 눈부시게 빛나는 그의 칼날을 봤습니다. 그는 병사들에게 외쳤습니다. 돌격!"

맙소사. 이 친절한 노인은 전쟁에 대해 아무것도 몰랐습니다. 잠시라도 상상해 봤다면 전투가 시작되는 순간이 얼마나 위험한지 알았겠죠. 저는 눈부시게 빛나는 칼을 들고 병사들에게 돌격하라고 외쳐본 적이 없습니다. 생각해보세요. 과연 장교들이 앞으로 달려가 적을 상대하고 병사들을 등 뒤에 남겨둘까요?

장교는 앞에 설 수 없습니다. 장교들은 전투에서 병사들 뒤에 있습니다. 저는 참모 장교였기에 반란군이 숲에서 달려나와 사방에서 공격할 때 말을 타고 아군에게 외쳤습니다.

"장교들은 후퇴하라! 장교들은 후퇴하라!"

그러면 모든 장교가 전장 뒤편으로 물러서고, 계급이 높을수록 더 멀리 후퇴합니다. 용기가 없어서가 아닙니다. 전투 수칙 때문입니다. 지휘관이 앞에 나가서 죽어버리면 전투 계획 전체가 어그러집니다. 그러니 장교들은 안전한 곳에 있어야 합니다. 그렇지 않으면 질 수밖에 없습니다. '눈부시게 빛나는 칼'을 들고 있다면 더더욱 말이죠.

그날 광장에 모인 군인 중에는 목숨을 걸고 저를 지켜준 병사도 있었고, 반신불수가 된 장교도 있었고, 깊은 강을 건너갈 때 저를 업어준 사람도 있었습니다. 나라를 위해 목숨을 바쳤기에 그 자리에 오지 못한 사람도 많았습니다. 연사가 언급하긴 했지만, 그들은 주목받지 못했습니다.

나라를 위해 죽은 사람들은 주목받지 못했는데, 어린 소년이었던 저를 보고 그 시대의 영웅이라고 하더군요. 왜 제가 영웅 대접을 받은 걸까요? 연사가 어리석은 함정에 빠졌기 때문입니다. 이 어린 소년은 몇 없는 장교였고, 다른 군인들은 흔한 병사였으니 말입니다.

저는 이 일에서 결코 잊지 못할 교훈을 얻었습니다. 사람은 한날 공직에 앉았다는 이유만으로 위대해지지 못한다는 것입니다. 위대한 자가 위대한 이유는 몇 가지 도구로 큰 대의를 이루고 이름 없는 민간인으로서 목표를 이뤘기 때문입니다.

이게 진정한 위대함입니다. 누군가 사람들에게 넓은 거리, 편안한 집, 우아한 학교, 엄숙한 교회, 진실한 교훈, 진정한 행복을 전해주는 한, 그는 어디에 가든 사람들에게 감사 인사를 받습니다. 그야말로 진정 위대한 사람입니다. 그러나 사람들에게 감사받지 못하면 어디를 가더라도 위대한 사람이 되지 못합니다.

여기 계신 여러분, 그저 흘러가는 시간이 아니라 의미 있는 순간을 살고, 많은 돈이나 타인의 시선이 아니라 솔직한 감정에 따라 살고, 무의식이 아니라 생각 속에 살고, 정확한 목표 아래 심장이 뛰는 이 짧은 시간을 헤아리시길 바랍니다. 오늘 밤 제가 말씀드린 내용을 모두 잊더라도, 이 한 문장만큼은 기억해주세요.

가장 깊이 생각하고, 가장 고귀하고 의롭게 행동하며, 가장 만족스러운 삶을 살아갑시다.

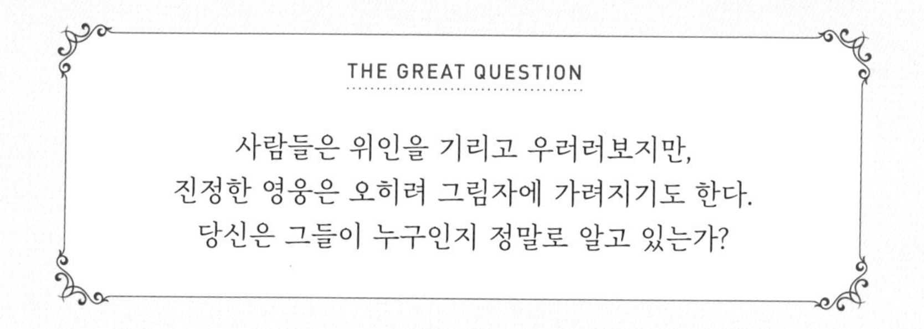
THE GREAT QUESTION

사람들은 위인을 기리고 우러러보지만,
진정한 영웅은 오히려 그림자에 가려지기도 한다.
당신은 그들이 누구인지 정말로 알고 있는가?

34th Letter

실패는 포기하는 순간에 찾아온다

1909년 2월 12일
사랑하는 아들 존에게

오늘은 아주 기쁜 날이다! 오늘날 미국은 위대하고 보기 드문 영혼을 지닌 에이브러햄 링컨 전 대통령을 기리고 감사하는 마음을 간직하고 있다. 나는 링컨 대통령에게 그럴 만한 자격이 있다고 믿는다.

내가 기억하는 한, 성공적이고 감동적인 미국 역사를 만든 링컨 대통령보다 위대한 사람은 없다. 그는 불굴의 정신과 용기, 관대함으로 참혹한 환경에 놓인 흑인 노예 400만 명을 해방했다. 유색인종의 영혼에 채운 자물쇠 2,700만 개를 부숴버렸지.

이는 인종 혐오로 시작된 타락하고 뒤틀리고 편협하며 사악한 역사에 종지부를 찍었다. 그는 나라를 멸망시킬 재앙을 피하고 다른 언어와 종교, 피부색, 인종을 합해 완전히 새로운 나라를 건설했다. 미국은 그 덕에 자유로워졌고, 청렴과 정의라는 길에 들어설 수 있었다.

링컨은 지난 세기 가장 위대한 영웅이었다. 오늘 링컨 탄생 100주년을 맞아, 그가 미국을 위해 한 일을 온 나라가 되돌아보고 있지.

그가 이룬 영광스러운 업적을 되새기고 감사할 때, 우리는 그 삶이 전해주는 특별한 교훈, 즉 단호한 결단력과 용기를 배우고 삶을 더 나은 쪽으로 이끌어야 한다. 링컨을 추모하는 가장 좋은 방법은 그를 본받고 그가 보여준 인내심이 미국을 빛내도록 하는 것이다.

링컨은 내 마음속에서 어려움을 두려워하지 않는 불굴의 화신으로 남을 것이다. 그는 가난한 집안에서 태어났고, 집에서 쫓겨나기까지 했다. 첫 번째 사업에 실패하고 두 번째 사업에서 더 큰 실패를 맛본 그가 빚을 갚는 데만 10년도 넘게 걸렸다. 정치에 뛰어들었을 때 역시 험난한 길 그 자체였다.

그는 첫 번째 주지사 선거에서 패배하고 직장을 잃었다. 다행히 두 번째 선거는 잘 흘러갔지만 곧 사랑하는 사람을 잃었고, 주상원 의원 대변인으로 임명되는 데 실패했다. 하지만 그는 조금도 낙담하지 않았다. 링컨은 이후 여섯 번이나 낙선하면서도 대통령에 당선될 때까지 끊임없이 노력했다.

누구나 인생에서 굴곡을 겪으며 고난과 시련을 맞닥뜨리기도 한다. 하지만 링컨만큼 회복력이 강한 사람은 드물다. 링컨은 선거운동에 실패할 때마다 스스로 동기를 부여했다.

"이는 단지 실수일 뿐, 내가 죽거나 일어서지 못하게 된 건 아니다."

이 말은 스스로 어려움을 극복할 힘을 주었고, 링컨이 명성을 얻은 비결이기도 하다. 링컨의 삶은 포기하지 않으면 결코 지지 않는다는 진리를 보여주었다. 성공으로 향하는 길은 고난의 연속이다. 위대한 인물 대부분은 무자비한 고난을 수없이 겪었다. 그들 중 상당수는 모든 것을 포기할 위기에 처하기도 했지만, 끈질기게 노력해 결국 훌륭한 결과를 냈다.

그리스의 위대한 연설가 데모스테네스는 말을 더듬는 탓에 낭패를 볼 때가 많았다. 그의 아버지는 세상을 떠나면서 아들이 안정된 삶을 살길 바라며 땅 한 조각을 남겼다.

그러나 당시 그리스 법은 토론을 통해야만 땅 소유권을 얻을 수 있다고 규정했다. 안타깝게도 데모스테네스는 말을 더듬고 수줍음이 많아 토론에 서툴렀고, 아버지가 남긴 땅을 잃고 말았다.

하지만 그는 좌절하지 않고 자신을 더 나은 사람으로 만들고자 노력했다. 그 결과 그는 전례 없는 명연설을 해냈다. 역사는 그의 재능을 간과했지만, 유럽은 수 세기 동안 데모스테네스라는 위대한 이름을 기억했다.

너무 많은 사람이 자기에게 부족한 점은 과대평가하고 충분한 점은 과소평가하며 승자가 될 기회를 놓치고 있다. 그야말로 비극이지.

링컨의 삶은 좌절을 승리로 바꾼 훌륭한 사례다. 한 번도 실패를 겪지 않을 만큼 운 좋은 사람은 없다. 실패 탓에 겁쟁이가 되지 않는 게 중요하다. 최선을 다했음에도 목표를 이루지 못했다면 실패에서 교훈을 얻고 다음에 더 나은 성과를 내고자 애쓰면 된다.

링컨에 비할 바는 아니지만 내게도 그와 같은 정신이 있다. 사업에 실패하거나 돈을 잃기를 바라지는 않지만, 정말 두려운 일은 나중에 사업에서 너무 조심하는 탓에 겁쟁이가 되는 것이다. 그럴수록 손실은 더 커질 터다.

평범한 사람들이 수없이 실패하면서도 꾸준히 도전을 이어가기란 쉽지 않은 일이다. 그러나 링컨은 좌절과 실패를 다음 단계로 나아가기 위한 밑거름으로 삼았다. 그에겐 강철 같은 인내심이 있었기 때문이다. "벨벳 위에서는 면도날을 날카롭게 갈 수 없다"라는 말처럼 말이다.

이 세상에 인내심을 대신할 힘은 없다. 재능만으로는 안 된다. 세상에는 뛰어난 인재가 넘쳐나고, 아무것도 이루지 못한 천재도 흔하다. 교육도 마찬가지다. 세상에는 많이 배웠지만 능력 없는 사람들이 가득하다. 인내와 결단력만이 중요하다.

정상에 오르려고 애쓸 때 사다리의 발판은 우리가 더 높은 단계로 발을 내딛도록 잠시 시간을 내줄 뿐이고, 언제까지나 그 위에서 쉴 수는 없음을 기억해야 한다. 우리는 나아가다 말고 지치거나 낙담하기도 하지만, 권투 선수의 말처럼 승리를 위해서는 또 다른 라운드에서 싸워야 한다. 우리는 난관에 부딪히더라도 다음 라운드에서 싸워야 한다. 누구나 내면에 무한한 잠재력을 지녔지만, 그 잠재력을 찾아내고 적절히 사용하려 애쓰지 않는다면 아무 의미도 없다.

좋은 기회는 검증할 필요가 없다. 우리는 기회를 잡고자 최선을 다해야 한다. '쇠는 뜨거울 때 두드려라'라는 속담이 있다. 매우 적절한 말이다. 인내와 노력은 모두 중요하다. '동트기 직전이 가장 어둡다'라는 말은 단순한 속담이 아니다. 우리가 열심히 애쓰고 실력을 발휘하면 언젠가 성공하는 날이 올 것이다.

오늘 링컨 대통령에게 감사와 추모를 보내는 동시에 그의 일생에서 영감을 얻어야 한다는 사실을 떠올려라. 우리가 쓰러질 날은 아직 오지 않았고, 우리는 여전히 위대한 승자다. 우리는 이미 지식을 쌓았고, 인생과 마주하는 법을 안다. 이는 더욱 큰 성공을 불러올 것이다.

너를 사랑하는 아버지가
John Davison Rockefeller

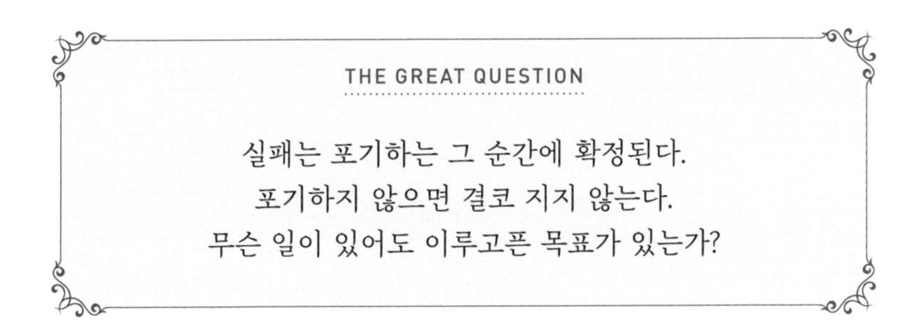

THE GREAT QUESTION

실패는 포기하는 그 순간에 확정된다.
포기하지 않으면 결코 지지 않는다.
무슨 일이 있어도 이루고픈 목표가 있는가?

35th Letter

마음의 여유를 가져라

1914년 8월 1일
사랑하는 아들 존에게

우리에게는 몸에 따르는 욕구처럼 마음에 따르는 욕구도 있다. 그러나 많은 사람이 시간이 부족하다는 핑계로 마음의 욕구는 무시하고 몸의 욕구에만 따르며 꼬박꼬박 배를 채운다.

점심 한 끼를 거르는 건 큰 문제지만, 마음의 배고픔과 목마름을 채운 게 언제였는지는 묻지 않는다. 우리는 정신적으로 부유한가? 물론 아니다.

마음이 목마른 사람은 어디에서나 볼 수 있다. 우울, 부정, 실패, 우울 속에 살아가는 사람 모두에게 심적인 영양분과 영감이 필요하지만, 대부분 마음을 채우기는 거부하고 어두운 채로 내버려둔다.

텅 빈 마음이 텅 빈 배 속과 같아서 꼬박꼬박 채워야 한다면 얼마나 좋을까? 안타깝게도 사람들은 공허한 마음이라는 형벌을 저항 없이 받아들인다. 그러나 마음은 우리가 살아갈 진정한 집이고, 우리를 다스리는 선과 악도 마음에 달려 있다.

이 진정한 집은 살아가는 데 필요한 모든 기능을 갖추었다. 마음이라는 집은 미래를 대비하면서 새로 만들어지기도 하고, 처참하게 파괴되어 미래에 이룰 성과가 줄어들기도 한다. 예를 들면 앞날을 바라보는 긍정성이 있다.

정점에 다다랐거나 가까이에 다가선 사람들은 긍정적이다. 그들은 선하고 깨끗하며, 강력하고 긍정적인 생각으로 마음을 풍요롭게 가꾼다. 음식이 몸의 양식인 것처럼, 그들은 마음의 양식을 잊지 않는다. 그들은 마음을 가득 채움으로써 배가 고플까 봐 걱정하지 않고, 노년에 가난해질까 봐 우려하지 않는다. 마음이라는 세계에서 방황하거나 길거리에 나앉지 않도록 자기만의 집을 찾아야 한다.

첫째, 우선 자기 자신과 마음을 받아들여라. 인간은 신의 마음으로 빚어졌고, 우리의 지위는 천사 다음으로 높다는 사실을 분명히 알아둬라. 신께서는 나이, 학력, 성별, 몸무게, 피부색, 키나 다른 요소를 신경 쓰시지 않는다. 신께는 누군가를 무시하거나 쓸모없는 사람을 만드실 시간이 없다.

둘째, 긍정적인 태도를 가져라. 2년 전 심리학자 카를 융과 우연히 만나서 들은 이야기다.

> 한 남자가 홍수를 만나 물에 빠졌다. 남자가 지붕 위로 올라가려 애쓰고 있는데 이웃 사람이 다가와 물었다.
>
> "존, 이번 홍수는 정말 끔찍하지 않나요?"
>
> 남자는 이렇게 답했다.
>
> "아뇨, 그렇게 나쁘지는 않아요."
>
> 이웃은 조금 놀라서 다시 말했다.
>
> "어떻게 그렇게 생각할 수가 있죠? 닭장이 다 떠내려갔잖아요."
>
> 존은 또 이렇게 답했다.
>
> "네, 저도 알죠. 그래도 6개월 전부터 키운 오리들이 모두 근처에서 헤엄치고 있어요. 다 괜찮아요."
>
> "하지만 존, 홍수 탓에 농사도 망쳤잖아요."
>
> "아뇨, 밭에 물을 더 줘야 했거든요. 덕분에 해결한 셈이죠."
>
> 이웃은 빙긋 웃는 존에게 다시 말했다.
>
> "하지만 존, 물이 계속 차오르고 있어요. 곧 당신 집 창문까지 물에 잠길 거예요."

존은 행복하게 웃으며 말했다.

"그러면 좋죠. 창문이 너무 더러워서 닦아야 했거든요."

농담처럼 들리는 이 이야기는 복잡하고 끊임없이 변화하는 세상에서 긍정적인 태도를 품자는 메시지를 전한다. 이런 태도를 갖추면 아무리 나쁜 상황에서도 마음이 자연스레 바람직한 방향으로 움직인다. 이 상태에 다다르려면 마음을 풍요롭게 하고 깨끗이 닦아내야 한다. 누구나 할 수 있다.

융은 단어만 바꿔도 돈과 행복을 쌓고 인생을 바꿀 수 있다고 했다. 예를 들어 '미움'이라는 단어를 머릿속 사전에서 지워버리고, 생각과 느낌과 꿈을 위해 '사랑'이라는 단어로 바꿔라. 지우고 바꿀 단어는 끝도 없이 많겠지만, 마음은 더 순수해지고 긍정적으로 변하겠지.

우리 마음은 스스로가 주는 양식에 따라 움직인다. 나는 내가 마음에 담는 게 미래에 아주 중요한 역할을 하리라 믿는다. 마음의 양식을 찾은 후에는 어떻게 마음을 채울까? 나무꾼이 도끼를 벼리는 데 긴 시간을 쓸수록 나무를 베는 양이 늘어난다.

우리는 면도하고 머리를 다듬으며 외모를 가꾸는 데 돈과 시간을 쓴다. 그렇다면 마음을 가꾸는 데도 같은 돈과 시간을 쓸 수 있을까? 물론 그렇다. 사실 마음의 양식은 어디서나 구할 수 있다. 위대한 마음이 담긴 책은 우리 마음을 정화하고 풍요롭게 하는 양식이다.

위대한 책은 미래 세대가 나아갈 방향을 보여준다. 우리는 독서를 통해 원하는 길을 택할 수 있다. 위대한 책은 지혜의 나무이자 마음의 나무다. 우리는 그 안에서 새로이 변할 터다. 겸손하면서도 똑똑해지는 법을 배우자.

물론 사업가가 돈벌이를 위해 쓴 책은 피해야 한다. 그런 책은 뻔뻔하고 악한 생각, 부패한 뉴스, 오만한 어리석음을 퍼뜨리는 전염병과 같다. 그런 책은 얕고 천박한 사람들에게만 쓸모가 있다. 우리에게 필요한 양식은 행동할 자신감과 힘을 주고, 삶을 새로운 차원으로 끌어올리며, 선을 따르도록 이끄는 책이다.

오리슨 스웨트 마든이 쓴《선두를 향하여Pushing to the Front》를 예로 들 수 있다. 이 책은 영혼과 삶을 향한 열정을 자극하는 훌륭한 작품이다. 나는 미국 국민이 이 책에서 도움을 얻고, 가장 좋은 방법으로 꿈에 다다르려 힘쓰리라 믿는다. 나는 이 책을 읽지 않은 사람은 위대한 삶을 놓칠 것이라고 생각한다. 모든 사람에게 행복으로 가는 문을 열어주는 이 책을 내 아이와 손주가 꼭 읽길 바란다.

사람들이 정상에 오르게 한 원동력은 오래 지키고 강조할수록 더 강해진다. 성공한 삶을 사는 사람들은 정상에 꽤 큰 공간이 있음을 알지만, 사람들이 앉아서 머무를 공간은 충분치 않다는 것을 깨닫는다. 그들은 몸과 마찬가지로 마음에도 꾸준히 밥을 먹여야 한다는 사실을 안다. 육체, 마음, 영혼의 양식은 따로 관리해야 한다.

존, 누구도 우리가 갈 길을 막을 수 없다. 나아갈 길을 마음의 빛으로 비춰라.

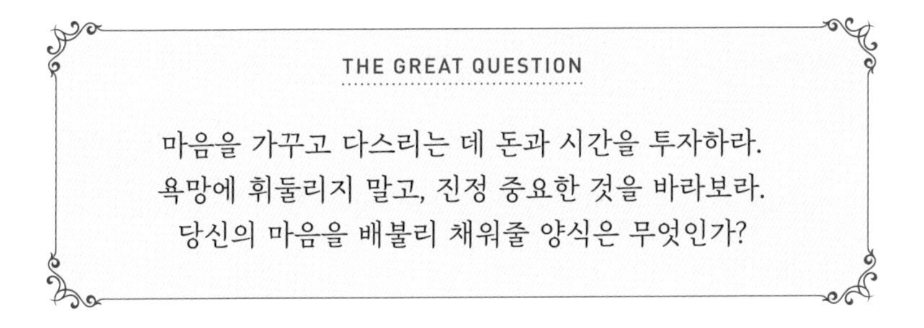

36th Letter

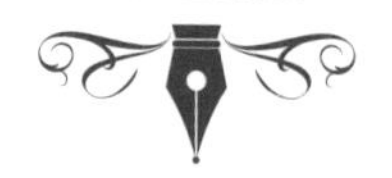

자기 자신이 성공의 씨앗이다

1926년 5월 29일
사랑하는 아들 존에게

어제 부자가 되고 싶다는 젊은이가 보낸 편지를 받았다. 몇 가지 질문에 답해달라고 하더구나.

'자본이 부족한데 어떻게 해야 사업을 시작해 부자가 될 수 있을까요?'

세상에, 이 젊은이는 내가 제 삶의 방향을 정해주길 원한다. 하지만 누굴 가르치는 건 내 전문 분야가 아니야. 그러나 이 젊은이가 보여준 진심을 무시할 수는 없어서 우선 답장을 보냈다. 젊은이에게는 물론 자본이 필요하지만, 그보다 더 필요한 요소는 상식이다. 상식이 돈보다 중요하다.

젊은이가 창업하려면 자본이 부족해 어려움을 겪을 때가 많다. 실패를 두려워하면 매사에 망설이며 달팽이처럼 더디게 움직이거나, 성공으로 가는 길에 멈춰 서서 높이 올라가지 못한다. 나는 답장을 보내며 이 점을 일깨웠다.

'가난에서 풍요로 가는 길은 언제나 열려 있다. 중요한 것은 자기 자신이 가장 큰 자산이라는 굳은 믿음이다. 믿음이 의심을 밀어낼 때까지, 자신이 주저하는 이유를 찾고 굳센 믿음을 품어야 한다. 믿지 않으면 이룰 수 없다. 믿음은 앞으로 나아가게 하는 힘이다.'

성공하길 바라는 사람은 성공의 씨앗이 자기 곁에 있다는 사실을 깨달아야 한다. 이 사실만 알면 원하는 건 뭐든 얻을 수 있다. 나는 젊은이에게 답장을 보내 하피드 이야기를 들려줬다. 이 이야기가 모두에게 도움이 되리라 믿는다.

> 인더스강과 가까운 땅에 알 하피드라는 페르시아인이 살았다. 그는 드넓은 난초 정원과 몇십만 제곱미터나 되는 비옥한 밭, 아름다운 정원을 갖고 있었다. 하피드는 성공한 사람이었고 엄청난 부자였기에 인생이 아주 만족스러웠다. 그런데 어느 날 한 노승이 찾아와 말했다.

“당신은 부유하고 편안하게 살고 있지만, 다이아몬드를 많이 모은다면 이 나라 전체를 살 수 있습니다. 다이아몬드 광산을 손에 넣는다면 엄청난 재력으로 자녀를 왕좌에 앉힐 수도 있죠.”

구미가 당기는 말을 들은 후 잠자리에 든 하피드는 인생에 만족하지 못하게 되었고, 자기가 아직도 가난하다는 생각이 들었다.

‘나는 다이아몬드 광산을 원한다.’

밤새 잠을 이루지 못한 그는 아침 일찍 노승을 찾아 나섰다. 노승은 너무 일찍 잠에서 깬 탓에 못마땅한 기색이 역력했지만, 하피드는 전혀 신경 쓰지 않고 보채며 물었다.

“어디로 가야 다이아몬드를 찾을 수 있지?”

노승이 되물었다.

“다이아몬드? 왜 다이아몬드를 원하십니까?”

하피드는 더 큰 부를 쌓고 싶다고 했다. 그러자 노승이 답했다.

“하얀 모래가 강처럼 흐르는 산에 가면 다이아몬드를 찾을 수 있습니다.”

“정말 그런 곳이 있단 말인가?”

“물론이죠. 나가서 살펴보기만 하면 분명 찾을 수 있을 겁니다.”

하피드가 만족스레 외쳤다.

“당장 출발하지!”

하피드는 농장을 팔아 전에 빌린 돈을 갚고 집은 이웃 사람에게 넘긴 후 다이아몬드를 찾으러 출발했다. 그는 길을 떠나 달빛 산맥으로, 팔레스타인으로, 유럽으로 향했지만 여행 자금을 탕진하고 무일푼이 되고 말았다.

스페인 바르셀로나 해안가에서 거지처럼 떠돌던 하피드는 헤라클레스가 새겨진 기둥 위로 거대한 파도가 밀려오는 모습을 보았다. 이 불쌍한 남자는 유혹을 뿌리치지 못하고 절벽에서 뛰어내려 생을 마감했다.

하피드가 죽은 직후, 그의 집을 물려받은 사람이 낙타에게 물을 먹이려고 정원에 나갔다. 낙타가 정원 개울가에 코를 박고 물을 마시는 사이, 얕은 개울 바닥에서 반짝거리는 하얀 모래가 눈에 들어왔다.

상속자는 손을 뻗어 개울가에 잠긴 돌 하나를 끄집어냈다. 그 돌에는 무지개 같은 색을 내며 반짝이는 점이 알알이 박혀 있었다. 그는 이 이상한 돌을 집에 가져와 벽난로 위에 올려두고는 완전히 잊어버렸다.

며칠 후 하피드에게 다이아몬드가 어디 있는지 알려준 노승이 그를 찾아왔다. 노승은 벽난로 위에 놓인 돌에서 빛이 나는 걸 보고 놀라서 외쳤다.

"이건 다이아몬드가 아닙니까! 하피드 님이 돌아오셨나요?"

상속자는 영문도 모른 채 답했다.

"아뇨, 하피드 님은 돌아오지 않으셨습니다. 이건 그냥 정원에서 주운 돌입니다."

노승은 놀라서 말했다.

"당신은 이제 엄청난 부자가 되었습니다. 이건 진짜 다이아몬드입니다!"

두 사람이 정원으로 달려가 개울 바닥에 잠긴 커다란 바위를 들어내자 그 밑에서 첫 번째보다 더 크고 아름다운 다이아몬드가 수없이 나왔다.

사람들은 이렇게 해서 인도 골콘다 광산을 찾아냈다. 이는 인류 역사상 가장 큰 다이아몬드 광산으로, 그곳에서 나온 다이아몬드의 가치는 남아프리카 킴벌리 광산보다 훨씬 크다. 영국의 왕관을 장식한 컬리넌 다이아몬드와 러시아의 황제관에 박힌 세계 최대 다이아몬드 모두 이 광산에서 나왔다.

아들아, 이 이야기를 떠올릴 때마다 하피드 대신 한숨을 내쉴 수밖에 없다. 하피드가 떠나지 않고 고향에 남아 밭과 정원을 일궜다면 거지가 되어 가난과 굶주림에 시달리다 바다에 뛰어들지는 않았겠지. 하피드는 이미 다이아몬드를 갖고 있었으니 말이다. 이 이야기는 내게 소중한 교훈을 주었다. 다이아몬드는 먼 산과 바다가 아니라 내 정원에 있다.

그러니 자기 자신을 진심으로 믿어야 한다. 모든 사람은 무엇을 위해 노력하고 어떻게 판단할지 스스로 정하고자 한다. 이런 뜻에서 자기 자신을 믿지 않는 사람은 기회를 훔치는 도둑이나 다름없다. 스스로를 믿지 않고 능력을 발휘하지 않는 사람은 자기 자신과 사회에 주어진 좋은 기회를 허비하는 셈이다.

기회를 일부러 저버리는 사람은 없지만, 이 죄악은 마음먹고 행하는 도둑질만큼 큰 피해를 불러온다. 이런 짓을 멈춰야 정상에 오를 수 있다. 내게 편지를 보낸 젊은이도 이 이야기에 담긴 가르침을 생각해보길 바란다.

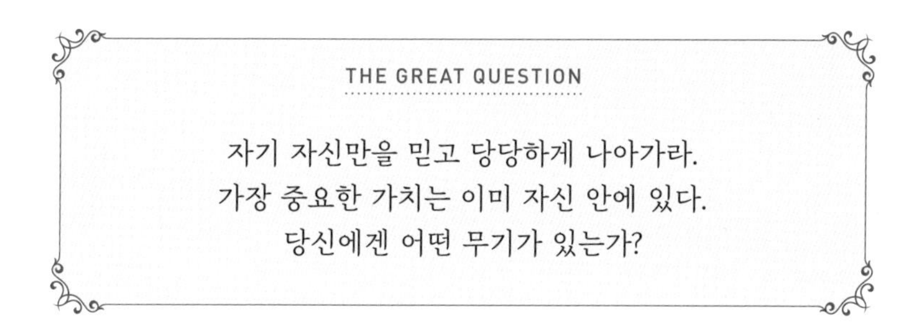

록펠러의 편지

초판 1쇄 발행 2024년 10월 20일
초판 2쇄 발행 2024년 12월 10일

지은이 존 데이비슨 록펠러
옮긴이 최영오

발행인 유영준
편집팀 한주희, 권민지, 임찬규
마케팅 이운섭
교정교열 고영숙
디자인 STUDIO 보글
인쇄 두성P&L
발행처 와이즈맵
출판신고 제2017-000130호(2017년 1월 11일)

주소 서울시 강남구 봉은사로16길 14, 나우빌딩 4층 쉐어원오피스(우편번호 06124)
전화 (02)554-2948
팩스 (02)554-2949
홈페이지 www.wisemap.co.kr

ISBN 979-11-89328-82-5 (03190)